D1731577

Weihnachten, du liebe Zeit

Weihnachten, du liebe Zeit

Eine weihnachtliche Literaturwerkstatt
hessischer Autoren

Mit Linolschnitten
von Hanna Breidinger-Spohr

FOUQUÉ &
HÄNSEL-HOHENHAUSEN

Die Deutsche Bibliothek - CIP-Einheitsaufnahme
Weihnachten, du liebe Zeit: eine weihnachtliche
Literaturwerkstatt hessischer Autoren. -
Egelsbach ; Frankfurt (Main) ; St. Peter Port ; Washington:
Fouqué & Hänsel-Hohenhausen, 1996.
ISBN: 3-89349-926-1
NE: Breidinger-Spohr, Hanna (Ill.)

ISBN 3-89349-926-1

Verlage in der Schillerstraße
Schillerstr. 65 · D-63329 Egelsbach
Fax 06103-44944 · Tel. 06103-44940

Printed in Germany.

Inhaltsverzeichnis

Die Autoren

Oh du Fröhliche

Die besinnliche Zeit beginnt Anfang November.
Günther Däschner, der geschäftsführende Stratege
des Langener Kaufhauses mit der einzigen Rolltreppe
der Stadt (selbstverständlich eine Einbahn-Rolltreppe:
Nur aufwärts geht's!), richtet seinen Blick himmel-
wärts und hält inne. Ein Moment der Stille. Und
dann geht's plötzlich los. Der Startschuß fällt, die be-
rüchtigte Weihnachtsglücksterneaktion nimmt ihren
Lauf. Sie können nur gewinnen!
Freunde der Altstadt, Inline-Skater, Spätaussiedler
und andere Glücksritter vom Sterzbachufer lassen die
verkaufsoffenen Samstage nicht ungenutzt verstrei-
chen, treffen sich beim Glühwein, behalten die Tüten
im Visier, witzeln über den hauseigenen Weihnachtsmann und beklagen im Chor die herzlose Vorweihnachtszeit.
Früher war alles viel schöner. Die Krüppelkiefern waren nicht so krüppelig, das Lametta hübscher, die
Kekse schmeckten einfach besser (Gute Butter!), da
konnte eine Orange noch begeistern, da durfte der
Vater noch ohne Belehrungen des Bundesgesund-
heitsministers seine Zigarre schmauchen, da waren die
Nächte stiller, heiliger.
Und heute? Alles versaut. Streß total, Besinnungs-
losigkeit - Vom Himmel hoch, da komm' ich her.
Darauf wollen wir anstoßen. Heißer Lambrusco mit

Schuß. "Ich weiß überhaupt nicht mehr, wo mir der Kopf steht!?"

Es weihnachtet sehr. Der Gesangverein Frohsinn, die Aquarienfreunde, der Verein für Polizei- und Schutz- hunde, die Kolping-Familie, das Team vom Penny- Markt, die Leute von der Ortskrankenkasse und vom Seniorensingekreis - alle feiern, allen Unkenrufen zum Trotz. Wir bleiben auf Kurs, ziehen weiter in die Altstadt und stehen fest zum Weihnachtsmarkt. "Ei Gude, wie?", Glockenklang, eine Paella vom Fisch- Rath, noch einen Glühwein beim Löschzug der Feuerwehr, "Ei Gude, wie?", das Wurstsortiment vom hiesigen Obst- und Gartenbauverein, "Ei Gude, wie?" Da muß man durch.

Früher war alles viel schöner. "Ich bin noch gar nicht in Stimmung....Damals....". "Damals" und "Weih- nachten", das gehört zusammen, und jetzt, kurz vor dem Fest, wächst zusammen, was zusammengehört. Jetzt seh' ich mich als Kind, spüre, rieche die eigene Kindheit, packe die Geschenke noch einmal aus, küsse und herze den Papa, die Mama, puste Kerzen aus, lege mich zur Ruh', mache still die Äuglein zu. Oh ja, mein Weihnachtsfest, das war so wunder- schön, damals, und weil ich's gar nicht lassen mag, halt ich's fest und schreib alles auf. Sofort.

Joachim Kolbe

Es kommt ein Schiff geladen

Am Anfang dieser Anthologie stand ein Aufruf in den Tageszeitungen, die in der Region südlich von Frankfurt a.M. gelesen werden. Es sollten vor allem Mitbürger, die gerade keine professionellen Schriftsteller sind, von ihrem Weihnachtsfest, von einer realen oder fiktiven Episode erzählen.

Damit war durchaus beabsichtigt, den eintausend lieferbaren Bänden mit Weihnachtsgeschichten nicht den eintausend und ersten hinzuzufügen. Es war eben nicht der Aufruf zur Schöpfung neuer Hoch- oder Unterhaltungsliteratur, sondern die Idee, zu einem bunten Strauß von - in jeder Beziehung heterogenen - Beiträgen zu kommen. Diese Beiträge sollten ein Kaleidoskop bilden, in dessen wechselnden Bildern zuletzt (vielleicht als Grundton) das wiederzuerkennen ist, was uns in Internet-, Telefax-, Europa- und Weltwirtschaftszeiten abhanden zu kommen droht: die Identität(en) einer, unserer Region.
Um die Mentalitäten ging es mir, um persönliche Geschichten, die auch aus schon so fremden Zeiten wie den vierziger und fünfziger Jahren erzählen.

Herausgekommen ist dabei die erwartete Mischung von gebundener und ungebundener Erzählung in Mundart und Hochsprache, voller Heiterkeit und

Witz, aber auch mit Beiträgen, die von Not und Armut Zeugnis ablegen und heute betroffen machen müssen. Die unterschiedliche literarische Qualität der einzelnen Beiträge, die auf weiten Strecken alles andere als vergangenheitsbeseeligt sind, durfte folglich kein Hindernis für dieses Buch sein.

Daß das Geheimnis des Weihnachtsfestes dabei selbst nur wenig unmittelbar angesprochen ist, mag daran liegen, daß es für sich allein ja auch gar nichts bedeutet. Es ist doch immer eine Botschaft *an uns*. Und da sitzen wir mit unseren subjektiven Ansichten über Weihnachten und unserer individuellen Art, diese Botschaft zu hören oder zu überhören, plötzlich alle wieder in einem Boot. Und so könnte im übertragenen Sinn das alte Weihnachtslied das Programm dieses Buches sein: Es kommt ein Schiff geladen.

Markus Hänsel-Hohenhausen

Gerd J. Grein

Die Weihnachtsgeschichte

Wor däß e Uffregung in dem Juddeland, als die
Römer es besetzt gehalte hadde un de Cyrenius dene
ihr'n Owwermadschores gewese is. Die hadde sich
nemlich in de Kobb gesetzt, all die Leut in ihr'm
mächtige Reich zehle un ufschreiwe zu losse. Dodemit
wollte se nemlich in Erfahrung bringe, was se fer
Steuern un Abgawe fer die Zukunft zu erwarte hadde:
un däß is schließlich de tiefere Sinn von jeder
Volkszählung!
Damit die Invendur aach ihr Richtigkeit hawwe sollt,
mußt jeder in die Stadt laafe, wo er her gewese is, um
sich dort uffschreiwe zu losse.
Also muß aach de Joseph aus Nazareth in Galilä uff
die Walz un uff Bethlehem, der Stadt Davids, mit dem
er iwwer siwwe Kellerlöcher verwandt wor, laafe. De
Joseph wor veheiert mit de Maria un von Beruf en
Balkewatz: er hadd gutgehend Zimmermannsgeschäft
un hot was verstanne von sei'm Beruf. Un weil
sellemols gute Handwerker schon rar worn, hadd er
iwwer mangelnde Uffträg aach net zu klage.
Dessentwege is em aach die Ufforderung, alles liege
und stehe zu losse, um nach sei'm Heimatort zu laafe
orsch ungelege komme, denn schließlich hot
Bethlehem net grad um die Eck gelege. Was hadd er

alles uff soiner List stehe gehadd: de Feitel wollt e neu Dach fer seu aal Scheuer, de Aaron die Schwell noch seuer Hinnerstubb ausgewechselt hawwe, die Judith e greeßer Diehr in ihrn Gaaßestall un dann stand noch de Garde in voller Pracht. Die Ebbel, die Feige, die Quetsche warn abzumache un die drei Reihe Salat warn schon am Schieße. Es wor eizusehe, daß er net abkömmlich wor un doch konnt er sich dem Befehl von dene iwwer-zwersche Römer net entziehe: es wor grad zum verzwazzele!

Dei Maria hot em gud zugeredd un gemaant, daß des halt emol so is un daß do nix droo zu ännern is. Die Römer wärn zwar all meschugge, awwer dehte schließlich am längere Hewel sitze. Wann sich die hohe Herrn so ebbes in de Kobb gesetzt hädde, dann mißt mer sich füge un wenn de Maa mit Stockholz geht un Revolutione wärn noch net erfunne! Also hot se mit Sanftmut un gute Worte ihrn Joseph erumgekrieht (insofern hot se sich ganz un gor net von de annern Weiwer unnerschiede). Sie hawwe also ihrn Bell gepackt un sich uff de Wäg gemacht: die Maria hot ihr zwaatbest sunndags Klaad oogezoge un en lange Baldin zwaamol um de Hals geschlunge. De Joseph hot zuerst an de Proviant fer die lang Raas gedacht un hot in e rot Sackduch erst en Ranke Brot, so en große Vierpinder, en Schwartemage un en Backstaakees eigewickelt un e groß Glas Gummern mitgenomme, die wo die Maria in letzter Zeit so orsch gern gässe hot.

Mer muß nemlich wisse, daß die Maria ebbes Klaanes erwart't hadd. Un däß wor em Joseph en Dorn im Aach: als un als hot er sich Gedanke gemocht, wie däß zugange is, denn er hot sich an der ganze Affär ganz un gor unschuldig gefiehlt. Un die Maria wollt net eraus mit de Sprach; sie hot als was vom heilige Geist un em Engel, der wo ihr ebbes verzählt hot, simbeliert, awwer so ganz schlau is er net draus worn! Was soll's aach - schließlich is Verdraue die best Grundlag fer e Partnerschaft, des hot schon sein Großvadder gesacht un schließlich worn unner seine Vorfahrn un in seiner Verwandtschaft e bedeutend Anzahl von schlaue un kluge Leut. So sin also unser zwaa tagelang unnerwegs gewese un de Weg wollt un wollt kaa End nemme. De Staab hot in de Aage gejuckt un de Joseph mußt sich immer un immer widder die Gorjel schwenke! Un als dann de Weg immer staaniger geworn is, hot er de Römer die Krenk un die Gaaßegichter an de Hals gewinscht. Schließlich - sie hawwe gar net mehr dro glaawe wolle - hawwe se in de Fern die Dächer un die Term von Bethlehem rötlich funkele sehe! Es werd awwer aach Zeid, hot die Maria gemaant, denn ihr Fieß hawwe rer orsch weh gedah. Awwer was ihr noch schlimmer ookomme is, wor des unbestimmte Gefiehl, daß sich ebbes in ihr rege duht un daß des Bobbelche in ihr'm Bauch schon zu trete oofängt! Es wor also allerhechste Eiseboh, daß se e Quadier fer die Noacht kriehe dehte, denn es wor schon orsch späd worn.

Unner dene Umstänn wär e geräumig Doppelzimmer es Beste, hot de Joseph gemaant un hot noch em geeignete Hotel spekeliert. Mir nix dir nix, hatte se aach aans gefunne; es hieß "Central", weil's zentral gelege wor. E bissi vornehm hot's jo ausgesehe, awwer de Joseph hot gemaant, daß mer däß je net alle Dag mecht un bei besonnere Ooläß derft'sd aach e Klaanigkeit mehr kosde. Awwer do hadd er sich geschnidde: als er geschelld hat, kam do so en eugebildete Lackaff von Portier un hot scheuheilig mit hochgezogene Aachebraue gefracht, ob se was reserviert hedde. Ei naa, hat de Joseph gesacht un sei Gesicht ist schon widder bedenklich rot oogelaafe. Dann deht's em laad, hot druff de Portier gesacht un hot korzerhand die Diehr von inne zugehaache. Himmelheiland, flucht de Joseph, hawwe die in de letzte Johrn in Bethlehem Herrschaftsposse druff. Euer Sorje meecht ich hawwe un em Rotschild sei Geld, hot er vor sich hie gebrebelt un is dann weider. Im "griene Baam" is e Silwerhochzeit gefeiert worn, im "golderne Ochs" is grad die Wertsstubb neu dabbeziert worn un im "Adler" hot de Wert ääbsch geguckt als er die Maria mit ihrm dicke Bauch gesehe hot. So langsam hadde se all die Wertschafte abgeklappert. Awwer es wor wie verhext: wo sie hiekomme sin, wor's zappeduster un nergends war e Stubb zu kriehe. Die Maria is als klaalauter worn, als wär se von merwe Deig. Zu guder letzt sin se am annern End von de Stadt an e klaa

Wertshaus komme, wo e Kränzje iwwer die Diehr rausgehonke hot. De Wert, so en uffgestumpte Fulder, der newebei noch e Metzjerei betriwwe hot un sich selbst de beste Kunde wor, wie mer an seinm Ranze sehe konnt, hot Mitlaad mit dem Häufche Uglick gehabt un hot gemaant, daß in seim Stall vis-a-vis iwwer de Gass, schreg gegeniwwer, Platz wär. Dort kennte se sich ihr Nachtlager uffschlage. Dem Joseph, un ganz besonners de Maria, wor's schun ganz egal un sie hawwe sich bei dem Wert umständlich bedankt. Der hot awwer gesacht, sie sollte so kaa Gedees mache, schließlich kennte se jo net uff de Gass iwwernachte! Er hot dene zwaar noch en Schobbe hiegestellt, net grad vom Beste, un gemaant, daß se sich ruhig verhalde sollte, dann in dem Stall wer noch en Ochs un en Esel, un der wer orsch ferschtig! Unserne Zwaa wor alles schon egal, un sie hawwe sich in ihr Schicksal gefiegt. Kaum hadde se ihr Better aus Heu un Stroh zurechtgemacht, da iss es aach schon bassiert: die Maria hot ohne große Fissemadende ihr Bobbelche uff die Welt gebracht - en stramme Bub, der glei gebläckst hot, daß die Wänd gewackelt hawwe! Die Maria wor iwwerglicklich un aach de Joseph hot sich in die Brust geworfe, wie en Spatz in die Kneddel. So e schee Bubche awwer aach, hot er als un als gesacht un sich gefreut, wie en klaane Schneekönich. Die Maria hot gleich e mordsmesig Geschäftigkeid entwickelt, hot des Bobbelche gewäsche un in Winnel gewickelt, die wo se fer alle Fäll schon im Gepäck gehabt hodd. Dann mußt'se den Klaane in die Kripp von dem Esel lege, weil sonst kaa Kinnerbettche do war. Zuunnerst hot'se Stroh gelegt un es waasch gedrickt, damit nix drickt un pätzt. Owwedruff hot'se dann noch ihr Kobbduch als Zudeck genomme. In de Zwischezeid hot sich drauße uff em Feld äbbes abgespielt, was all die, die wo's aagange is, ihr Lebdag net vergesse hawwe. Es wor'n nämlich Herte mit ihrne Schäf zu de Waad un hawwe sich's gut gehe losse. Sie hawwe beienanner gesotze und hawwe gekoart un geleimt. De Bembel is umgange un die Gesellschaft is immer lustiger un lauder worn. Uff aamol is es ganz uuhaamlich worn: mer hot es Singe un Klinge geheert un niemand gesehe. "Ei, gibt's jetz aa noch Mussik", hot do de Conrad vorwitzig gefragt. Awwer dann is em die Spucke weg gebliwwe un er konnt gor nix meh' sage, sonnern nur noch staune. Do hot doch werklich un wahrhaftich en Engel vor ene gestanne mit em weiße Klaad, des hot gefunkelt und geglitzert von Perle un Edelstaa. Es wor e Licht um en erum, als wanns hellichter Dag wär. Dene Herte is es ganz annerster worn un sie konnde's net glaawe. Sie hawwe sich die Aache geriwwelt, als wenn se traame dehte. De Konrad hot haamlich die Schobbe gezählt, die wo er gedrunke hadd. Wenn se aach sonst orsche Urumbel gewese sin: uff aamol hawwe se sich gefer't un es Herz is ene in die Hos gerutscht. Der Engel hot

glei gemerkt was do los is, denn als hecheres Wese hot
er sich ausgekennt im Worschtkessel. Dessentwäje hot
er ganz sanftmitig de rechte Aorm gehowe un hot mit
sanfter Stimm, als det er es ganz Johr Griesbrei esse,
gesacht: "Gell, do guckt er?! Awwer fercht Euch net.
Ich bin nur zu Euch geschickt wor'n, um Euch zu
verklickern, daß äbbes ganz Besonneres sich heut
ereichent hot. Euch is nemlich de Heiland geborn
worn, de Christus, der wo Euer Herr is. Un wenn
Ihr's net glaabt, dann geht hie un guckt selwer. Däß
Bobbelche leiht in ere Fudderkripp un is in Winnele
gewickelt!" Un korz druff is es noch heller wor'n; de
Himmel is uffgerisse un die ganze himmlische Heerscharn sin uffmarschiert, wie die Sänger un de Chor
zum Schluß im Opernhaus; Die Mussik is immer
lauder worn un die Heerscharn hawwe frohlockt un
weil se aus ere annere Welt gekomme sin, hawwe se
im beste Hochdeutsch gelobt und gerufe: "Ehre sei
Gott in der Höhe und den Menschen ein Wohl-
gefallen!" Dann worn se uff aamol ganz pletzlich
verschwunne un es wor widder dunkel, als wann
aaner es Licht ausgeschalt't hädd.
Die Herte worn ganz verdutzt von dem Schauspiel un
sin ganz neuschierig worn, uff däß, was de Engel
gesacht hot, un sie wollte sich iwwerzeuche ob der
aach net geflunkert hot. Sie hawwe alles lieje und
stehe losse un sin nooch Bethlehem gedabbelt. Nur
däß klaane Hänsje, däß wo noch Lehrbub bei de
Herte wor, hot sei liebst Schäfche uff de Buckel

genomme un hot's mitgeschlaaft. Schnurstracks sin se uff den Stall zugestiwwelt un hawwe ihr'ne Aache net gedraut: sie hawwe alles so oogetroffe wie nämlich der Engel ihne verzehlt hot. Do hot also des Bobbelche in de Kripp geläje un hot mit de Bascher gestrampelt un gejuchst. Es hot mit seune Ärmscher gezawwelt, als wollt's nooch de Stern greife. Im Stall wor's ganz hell, obwohl nur e Stallatern gebrennt hot, die wo de Josef in de rechte Hand hochgehaale hot. An de Deck awwer sin lauder klaane Engelscher rumgefloche. Die wor'n so goldisch, besonners däß aane, mit dene Griebcher am Bobbes. "Ei wißt Ihr dann schon, was uns de Engel verzählt hot", hawwe die Herte gekrische. Un de Anselm, der immer gut fer e Neuichkeit wor, hot mit seiner hohe Fistelstimm alles briehwoarm hergebät, woas se grad erläbt hawwe. Un alle Leut, die wo jetzt aa noch sich eugefunne hadde, konnde die wunnerlich Geschicht heern: sie hawwe Baukletzer gestaunt! Nur die Maria wor ganz still geworn, obwohl se doch de greßte Aadeil an dere Sach hadd. Sie hot sich genau gemerkt, was von dem Engel dem un dem, was er verzählt hot, geschwätzt worn is un hot en ganz eichenartiche Glanz in die Aache gekrieht. Sie hot uff aamol e ganz ubestimmt Gefiehl, daß do ebbes ganz Bedeutendes geschehe is: Wer's waaß, werds wisse!

Ilse Pohl

Der Weihnachtsengel

Der lange Weg meiner Erinnerungen geht bis in das Jahr 1908 zurück - Weihnachten 1908. Ich war nicht ganz zwei Jahre alt, doch an den 24. Dezember erinnere ich mich genau. Schon am Nachmittag war es außergewöhnlich zugegangen. Mit Poltern und lautem Klopfen an der Wohnungstür kam der Weihnachtsmann, von uns drei Geschwistern zitternd vor Respekt in stummer Überraschung begrüßt. Die Großeltern und einige Tanten, die jedes Jahr den Heiligen Abend in unserer Familie verbrachten, waren schon da. Komischerweise fehlte mein Vater. Der mußte noch schnell eine Besorgung machen. So stand meine Mutter allein mit uns drei Kindern der außergewöhnlichen Erscheinung dieses weißbärtigen Mannes gegenüber. Nachdem ich den großen Schreck über den so unerwartet hereingeschneiten Gast festgeklammert am Rock meiner Mutter überstanden und zu allen weihnachtsmännlichen Fragen beharrlich geschwiegen hatte, bekam ich dennoch ein kleines Geschenk aus der Tiefe des großen Sackes, den der Mann sich alsbald über die Schulter und die Rute unter den Arm schwang und mit dumpf dröhnenden Schritten im Dunkel des Dezembertages entschwand, aus dem er gekommen war.

Inzwischen waren alle Gäste vollzählig, auch mein
Vater war wieder zum Vorschein gekommen. Da läutete die Weihnachtsglocke die weihnachtliche Feier
für uns ein. Später - als wir alt genug waren - ging
mein Vater mit uns Kindern gegen Abend zum Gottesdienst in die Kirche, während meine Mutter die
letzten Vorbereitungen traf. Über den Ablauf der Zeit
vor der Bescherung entwarf meine Mutter stets eine
Art Programm, worin wir Kinder eingeplant waren.
Sobald wir reden konnten, sagten wir kurze oder
längere Verse auf; etwas später führten wir kleine
Szenen auf mit Texten, die sich meine Mutter für uns
ausdachte. Alexia, meine 5 Jahre ältere Schwester, der
irgendein Ahn eine besondere schauspielerische Bega-
bung in die Wiege gelegt hatte, verpaßte denn auch
keine Gelegenheit, sich in Szene zu setzen. Apart,
gewandt und von früh an bewundert, duldete sie
keine Konkurrenz neben sich. Im Kindergarten bei
Tante Frieda wollte ein anderes Mädchen Alexia die
Hauptrolle abnehmen, da ging Alexia nicht mehr hin
und entfaltete ihre Talente vorwiegend zu Hause. Ich
schied als Konkurrenz wegen eindeutiger Unschein-
barkeit von vornherein aus. Dafür bewunderte ich
meine große Schwester um so mehr.

Weihnachten 1908 spielte Alexia schon Weihnachtslieder auf dem Klavier, die sie emsig geübt hatte, im
Gegensatz zu meinem kleinen dicken Bruder, der, mit

dem absoluten Gehör ausgestattet, mit seinen drei Jahren in der Tastatur des Klaviers sein liebstes Betätigungsfeld gefunden hatte. Alles, was er hörte an Tönen, Lauten, kleinen Melodien drückte er mit Wonne in die Tasten. Mit vier Jahren spielte er alle Kinderlieder, die er kannte.

An jenem Weihnachtsabend 1908 spielte Alexia mit ihrem Bruder vierhändig einige Weihnachtslieder. Sicherlich wurden sie bewundert, was ich nicht feststellen konnte. Denn mich hatte Hedwig, unser Mädchen, an dem ich ungewöhnlich hing, unbemerkt ins Weihnachtszimmer gebracht, das schon seit Tagen verschlossen geblieben war. Ringsum auf den Tischen lagen alle Geschenke zugedeckt, ich durfte nichts anrühren. Hedwig zog mir ein langes weißes Gewand an (vielleicht ein Nachthemd von Alexia), setzte einen goldenen Reif mit einem Stern in mein Haar - damals waren es blonde Locken - und heftete ein glitzerndes Flügelpaar an meine Schultern.

"Jetzt bist du ein Engel, ein kleiner Weihnachtsengel, alle werden dich anschauen und staunen", sagte sie.

Dann zündete sie die 24 Kerzen am Weihnachtsbaum an (für jeden Dezembertag eine) und stellte mich an der vorgesehenen Stelle vor dem Weihnachtsbaum auf. "Gleich werden die Türen aufgehen, sei lieb und steh ganz still."

Da ich alles tat, was Hedwig wollte, rührte ich mich nicht vom Fleck.

Ich konnte nicht wissen, daß mein Bruder vor der Tür zum Weihnachtszimmer inzwischen mit einem kleinen Hammer einen Schlüssel bearbeitete, der ihm die Tür zum geheimnisvollen Zimmer aufschließen sollte, aber nicht paßte. Da kam ihm Knecht Ruprecht in Minigestalt zu Hilfe, den Alexia darstellte, und zog den passenden Schlüssel aus der Tasche; damit öffnete sie weit die Flügeltüren zum Weihnachtszimmer.

Und dort stand ich nun wie ein zum Engel erstarrtes Denkmal, von Kerzenschein umleuchtet, das Zimmer von Tannenduft durchzogen, voller Geheimnisse auf den Tischen ringsum. Und alle schauten mich an. Es blieb mein einziger Auftritt als Engel in meinem Leben, ein unvergessener. Ich bin überzeugt, daß dieser Augenblick, trotz meiner Winzigkeit, etwas in mir bewirkte für mein späteres Leben. Ein ganz kleiner Funke wurde entzündet. Der Alltag setzte dann andere Prioritäten, aber ich nutzte jede Gelegenheit, eigene Aktivitäten zu entwickeln, mich zu produzieren. Selbst in späten Jahren fand ich immer wieder neue Möglichkeiten - mit mancherlei Erfolg.

Doch das Glücksgefühl des kleinen Engels unter dem Weihnachtsbaum kam nie mehr wieder.

Uta Kegler

Weihnachten mit meinem Vater

Wird Christus tausendmal
zu Bethlehem geboren
und nicht in dir,
du bleibst doch ewiglich verloren.

Angelus Silesius

Immer, wenn ich an Weihnachten denke, kommen mir jene Feste in Erinnerung, die ich als junges Mädchen zu Hause mit meinen Eltern feierte und bei denen mein Vater eine ganz wichtige Rolle spielte. Ich erlebte ihn meistens als sehr strengen, autoritären, oft ungerechten und manchmal sogar gewalttätigen Menschen, der selbst eine schwere Kindheit durchlitten hatte. An jedem kleinen oder auch größeren Problem gab er mir die Schuld. Meine Mutter war zwar sehr lieb und versuchte mir zu helfen, hatte aber nicht genügend Kraft, etwas zu ändern. Sicher liebte er mich auch, aber er konnte es nur ganz selten wirklich zeigen. So war das Zusammenleben mit ihm sehr problematisch, und meine Mutter und ich mußten das ganze Jahr über aufpassen und überlegen, wie wir am besten mit ihm auskommen.

Wenn aber das Weihnachtsfest näherrückte, vollzog sich in diesem so schwierigen Menschen eine Wandlung. Immer öfter kam er mit Päckchen nach Hause, knisterte mit Papier in seinem Schrank herum, machte vielsagende Andeutungen. Auch sein ganzes Wesen schien sich zu verändern, oft leuchteten seine Augen in hellem Glanz, wo er sonst meistens mürrisch nach Hause kam. Am Heiligen Abend behielt er sich vor, das Weihnachtszimmer selbst zu schmücken, meine Mutter und ich wurden in die Küche verbannt. Stundenlang rumorte er dann herum, mit äußerster Sorgfalt schmückte er nicht nur den Weihnachtsbaum, nein, auf allen Schränken und Tischen standen kleine oder große Leuchter mit den schönsten Kerzen. Mit ganz besonderer Liebe baute er aber jene Engelkapelle aus dem Erzgebirge auf, die jedes Jahr ein neues Mitglied bekam, wobei die ersten Musikanten, die schon aus der Zeit stammten, als er seine Frau kennenlernte und mit ihr zusammen Weihnachten feierte, schon manchmal einen verbrannten Flügel oder eine verkohlte Hand in Kauf nehmen mußten, während die neueren sich etwas eitel in strahlendem Glanz präsentierten. Ich selber liebte mehr die alten Figuren, so z.B. den Mond, der zwar kein Instrument spielte und außerdem eine schwarze Nase hatte, der aber um sein dickes, blaugoldgewandetes Bäuchlein einen Schlüsselbund (dem heiligen Petrus ähnlich) trug, was ihn sehr würdig und wichtig aussehen ließ.

Als dann meine Mutter und ich nach dem Erklingen des Weihnachtsglöckchens den von unzähligen Lichtern hellstrahlenden Raum betreten durften, da leuchteten auch die Augen meines Vaters und Tränen schimmerten darin. Er las die Weihnachtsgeschichte aus dem Evangelium, gemeinsam sangen wir die schönen alten Weihnachtslieder, dann war die Bescherung: So schön und liebevoll hatte mein Vater alles ausgesucht, daß wir ganz sprachlos waren. Das ganze Jahr über hatte er aufgepaßt und auf unsere Wünsche geachtet, so daß jeder das bekam, was ihm wirklich gefiel. Ich weiß noch, wie sehr ich mich einmal über eine Schallplatte mit Heinz Erhardts: "Noch'n Gedicht" freute, oder, weil ich eine große Leseratte war und bin, Sigrid Undsets Buch "Kristin Lavranstochter", ein wunderbares Werk, in dem das Schicksal dieser ungewöhnlichen Frau, verbunden mit den Schilderungen der Reinheit und klaren Schönheit der schwedischen Landschaft eine Einheit bildet. Diesem Land und seinen Menschen fühlte ich mich schon immer auf besondere Weise verbunden.

Wieviel Freude hatte auch meine Mutter, denn sie bekam meistens ein geschmackvolles Schmuckstück, das zu ihrem Typ paßte oder auch einen kleinen Kunstgegenstand für die Wohnung. Sehr glücklich war mein Vater aber auch über unsere Geschenke, denn wir hatten uns alle erdenkliche Mühe gegeben und viel Phantasie aufgewendet, um ihm eine Freude zu machen. Als wir dann gemütlich zusammensaßen, um die neue Platte anzuhören - da kam urplötzlich die Katastrophe. Es genügte ein winziger Anlaß, z.b. ein Husten oder eine Bemerkung über den Text des Liedes, da fühlte sich mein Vater in seiner besinnlichen Ruhe gestört, und alle Nervosität und Spannung, die sich da aus für uns unverständlichen Gründen unter der Oberfläche einer scheinbaren Ruhe in ihm angestaut hatte, brach sich Bahn in einem Riesendonnerwetter - die Schuld wurde wieder uns, speziell mir, zugewiesen. Auf jeden Fall brach nun alles Schöne, Harmonie, Freude und Dankbarkeit, in sich zusammen und löste eine Flut von Tränen aus, traurig und zutiefst enttäuscht verließen wir das Weihnachtszimmer.

Mein Vater blieb verbittert sitzen bei seinem Glas Wein. Und nun begann, nachdem Wut und Enttäuschung sich etwas gelegt hatten, jene innere Aktivität in uns zu wachsen, die sich auf die Worte von Angelus Silesius bezieht. Mutter und ich zündeten in meinem Zimmer eine Kerze an und sprachen lange über diesen Menschen, versuchten zu ergründen, was ihn da so haltlos und unbeherrscht gemacht hatte, obwohl er doch alles in guter Absicht vorbereitet hatte. Wir verdrängten es nicht, wir versuchten einfach, das, was da geschehen war, anzuschauen. Und dann, ganz langsam, gelang es uns, ihm zu verzeihen, ihn wenigstens ansatzweise zu verstehen, und wir spürten, wie genauso langsam die Tränen versiegten und ein wunderbarer Friede in uns einzog, uns ruhig werden ließ und die Herzen weit öffnete für das Geschenk der Heiligen Nacht - die Liebe, die alles umschließt.

Lange saßen wir noch zusammen, gingen später auch noch hinein zu ihm, um zu dritt den Abend ausklingen zu lassen. Und ich bin sicher, daß mein Vater, wenn er auch nicht viel sagen konnte, doch auch dankbar und von Frieden erfüllt war.

Viele Male erlebten wir Weihnachten in dieser Art, und immer ist es uns gelungen, diesen schwierigen Menschen, der in seiner Kindheit oft tief verletzt wurde, in diese Liebe miteinzubeziehen, auch wenn er uns vorher sehr weh getan hatte.
Und noch etwas ist aus diesem Schmerz gewachsen: Ich hatte mir damals vorgenommen, sollte ich einmal eine eigene Familie haben, dieser immer ein frohes und harmonisches Weihnachtsfest zu bereiten. Ich glaube, das ist uns, d.h. meinem Mann und mir später mit unseren 3 Kindern recht gut gelungen. Mit der Zeit bildete sich eine regelrechte Tradition heraus, wie der Heilige Abend gestaltet wurde, und auch heute, wo alle Kinder erwachsen sind, möchte niemand von diesen Gewohnheiten abrücken. Natürlich gibt es vorher auch manchmal Unruhe, Hektik oder sogar

Streit, aber die Weihnachtstage selbst sind erfüllt von Freude, Humor und einer tiefinnigen Festlichkeit.

festtag

regen in der weihnachtsnacht
gärten sterbend und verlassen
schäbig schmutzger rest von schnee
nebelwatte dämpft den schritt

tropfend feuchtes zaungeflecht
nässe trieft von büschen
kunstlicht nur, an gartentannen
grau das öde vogelhaus

nirgends strahlt ein kerzenlicht
und von der laterne trüb
fällt auf nassen pflasterstein
weder licht noch helligkeit

ein paar schwarze schirme eilen
tief sich duckend kirchenwärts
abgestumpfte sonntagsbeter
finden hier kaum festlichkeit

und doch verbirgt dir diese nacht
hoffnung tröstung zuversicht
fragend drängend himmelhoch
tief ersehntes wunder

Das Gedicht stammt ursprünglich von Harald Gellhorn
und wurde von Elfriede Jung und Jörg Jahn überarbeitet.

Charlotte Jost

Mein Weihnachten
(Egelsbach 1931-1941)

Der Christbaum war besorgt, und wie alljährlich stellte Vater fest: der Baam is schebb, da konnte er noch so schön gewachsen sein. Die Familie wußte, daß jetzt der Fuchsschwanz herbeigeholt und ein Ast abgesägt wurde. An anderer Stelle des Stammes wurde ein Loch gebohrt und der Ast hineingepaßt. Jetzt war der Baum perfekt und Weihnachten ein Stück nähergerückt. Der eigentliche Auftakt zum "Bescherabend" war nicht, wenn die Kerzen am Baum brannten, sondern eine Kohlenschaufel. Jene Kohlenschaufel, mit der Vater etwa zwei Stunden nach dem Mittagessen das Feuer aus dem Küchenherd in den mit Kleinholz und Eierbriketts vorbereiteten Füllofen in der Stube trug. In diesem Ofen wurde nur an Weihnachten Feuer gemacht. Da die Stube zwei Außenwände hatte, dauerte es entsprechend lange, bis sich das Mauerwerk erwärmte.

Indes war Vater zugange, von Zeit zu Zeit die Ofenklappe zu öffnen, und sich an den "schönen blauen Flammen" zu erfreuen. Die Tapete hinter dem Ofen wurde befühlt, ob es langsam warm würde. Mit vor-

rückender Nachmittagsstunde verbreitete sich Wärme
im Raum. Nun konnte man darangehen, den Baum
zu schmücken. Wenn dann die Kerzen brannten,
konnte die "Bescherung" beginnen.

Unter dem Baum lagen die sehr bescheidenen Geschenke, meist Dinge, die man ohnehin benötigt
hätte, von Mutter gestrickte Strümpfe, eine Wollweste
o. ä. Als einziger Luxus lagen alljährlich Zigarren für
Vater unter dem Baum. Das Spielzeug kehrte alle
Jahre wieder. Die Puppenküche war aus der Abstell-
kammer hervorgeholt worden, wo sie wegen Platz-
mangel das ganze Jahr über verstaut war. Gleich nach
Neujahr wurde sie wieder weggepackt, weil sie sonst
überall im Weg stand. Kleineres Spielzeug, wie Pup-
penbettchen, wurde von meiner Mutter mit viel Ge-
schick selbst hergestellt. Immer war unter den
Geschenken ein Gegenstand, von dem mein Vater
sagte: "Und das ist von mir." Es waren Pfennigartikel,
ein Päckchen Griffel für die Schiefertafel o.ä. Wir
wußten aber, daß er sich diese Pfennige von seiner
ohnehin dürftigen Ration Pfeifentabak abgespart
hatte.

Wer einen Apfel oder eine Orange gegessen hatte, der
legte die Schalen zusammen mit einem Tannenzweig
auf die Ofenplatte. Vater schmauchte indes die erste
seiner Zigarren, und eine wunderbare Duftmischung
zog durch den Raum. Vater saß auf dem Stuhl neben

dem Ofen, Sessel gab es in der Wohnung nicht, und
wurde nicht müde, sich die Hände zu reiben und zu
betonen, wie sehr er sich auf den guten Kuchen und
den Hasenbraten freue. Er strahlte eine Zufriedenheit
aus, die sich der ganzen Familie mitteilte.

Das Schönste aber kam beim Zubettgehen. Mein Bett
stand in der Weihnachtsstube, und an diesem Abend
konnte ich die Arme auf die Bettdecke legen, was
sonst den ganzen Winter über nicht möglich war.
Eisblumen am Fenster waren keine Seltenheit, und
man mußte sich bis zur Nasenspitze zudecken. Die
wohlige Wärme im Raum, der Geruch des Christbau-
mes und die Freude auf den ersten Feiertag, das alles
machte, daß ich selig einschlief, wenngleich ich versuchte, die Augen offenzuhalten, um das schöne Ge-
fühl solange wie möglich festzuhalten.
Kein Weihnachtsfest der Wohlstandszeit mit all' dem
Luxus konnte mir jenes Glücksgefühl vermitteln, das
mein Weihnachten der Kindheit so unvergleichlich
machte.

Gisela Schade

Die Weihnachtsgans

Klein-Manfred wurde 3 Jahre alt, der Geburtstag rückte immer näher und die große Frage war immer noch nicht beantwortet: "Was soll man dem kleinen Kerlchen schenken - in der heutigen Zeit?" Das war schon ein Problem, denn wir schrieben das Jahr 1947. Doch eines Tages löste sich das Problem von selbst. Opa schickte ein großes Paket - mit einem Schaukelpferd. Es war das schönste Schaukelpferd, das es geben konnte, wenn es auch schon manchen Sturm erlebt haben mußte. Sein Fell war echt. Nur der Schwanz, na ja, man kann ja schließlich nicht zuviel verlangen, der war halt ein bißchen komisch; möglich, daß er schon mal als Nikolausbart eine Rolle spielte. Aber das alles machte ja nichts! Wie nur, zerbrachen wir uns den Kopf, hatte Opa dieses Prunkstück aufgetrieben? Es war ja schließlich Sommer 1947!

Der Geburtstag war da, doch erst sollte Manfred Kaffee trinken, denn wenn er erst mal sein Pferd gesehen hatte, dann war daran nicht mehr zu denken. Es gab "Bohnenkaffee" aus gerösteten Erbsen und dazu sogenannten Gewürzkuchen. Aus was der bestand,

möchte ich nicht wiedergeben, denn es genügt, daß sich mir bei dem Gedanken daran der Magen umdreht. Und wie groß war die Freude, als Manfred sein Schaukelpferd sah!

Es hatte seinen Platz neben der Couch, die wir deshalb etwas zur Seite gerückt hatten. Wochen vergingen, das Interesse an dem Schaukelpferd ließ langsam nach, und es stand oft tagelang unbenutzt. In diesem Sommer schien eine richtige Mottenplage zu herrschen, sie schwirrten zu Dutzenden umher. Auffälligerweise immer in der Nähe der Couch. Eines abends, als Papa auch wieder auf der Couch saß (ich hatte noch in der Küche zu tun), rief er plötzlich: "Gisela, komm' mal schnell her, ich habe was entdeckt!" Ich sauste schnell in's Zimmer und stand dann starr vor Entsetzen vor meinem Göttergatten, der triumphierend den komischen Pferdeschwanz in der Hand hielt. Das Ende, mit dem der Schwanz im Pferd steckte, wimmelte von Mottenlarven.

Die nähere Untersuchung ergab, daß das ganze Pferd verseucht war. Der arme geplagte Papa nahm das Pferd und trug es schweren Herzens in den Garten, um es zu verbrennen. Was sollten wir nur Manfred erzählen? Nun, auch dieser Schmerz ging vorüber und die Zeit ebenfalls. Doch die Motten wurden immer mehr!

Da dämmerte in mir der Gedanke, die Couch, neben der ja das Mottenpferd gestanden hatte, näher zu untersuchen. Der Schreck fuhr mir in die Glieder. Die Couch war auf der Rück- und Unterseite vollkommen eingesponnen, so daß nichts helfen konnte, als sie sofort zu Opa zur Aufarbeitung zu schicken. Opas Freund hatte ja eine Polsterwerkstatt.

Wir warteten von Woche zu Woche auf die Couch. Nun ja, wir dachten halt, das Material sei so schwer zu beschaffen - und warteten geduldig weiter. So rückte Weihnachten immer näher.

Ich hatte schon Plätzchen gebacken. Die Zutaten hierfür hatte ich schon seit Wochen den Familienmitgliedern langsam, aber sicher abgezwackt. Wenn ich nun beim Einkaufen war, das dauerte in jener Zeit ja immer sehr lange, suchten Papa und Manfred, die ihnen vorher entzogenen Kalorien in ihrer Plätzchenverwandlung in der ganzen Wohnung.

Daß die beiden die Plätzchen gefunden hatten, merkte ich, als ich einen schönen Teller davon holen wollte... Ich hatte mir eingebildet, sie sicher eingeschlossen zu haben, rechnete dabei aber nicht mit dem Spürsinn meines Göttergatten. Auch nicht damit, daß sich die Schublade über dem verschlossenen Schrankteil herausziehen ließ und somit den Weg zu den Plätzchen freigab!

Am Tag vor Heiligabend kam ein schweres Paket von Opa. Es enthielt eine Gans, Speck und Mehl - zur damaligen Zeit unglaubliche Schätze. Das Paket war fast vier Wochen unterwegs, und dementsprechend duftete die Gans. Doch diese Tatsache taten wir mit einer Handbewegung ab, die Hauptsache war, es war eine Gans. Und nach fachmännischer Behandlung würde sie bestimmt herrlich schmecken. Wir kamen uns wie Könige vor, bis wir den Brief lasen. Opa schrieb:
"Liebe Kinder. Ihr wartet sicher schon lange auf Eure Couch. Da sie aber so vermottet war, daß sich ein Aufarbeiten nicht mehr lohnte, habe ich sie gegen den Inhalt des Paketes eingetauscht und hoffe, daß Ihr frohe Weihnachten damit feiern mögt ..."

So briet ich also an Weihnachten, mit einem weinenden und einem lachenden Auge, die Couch - wollte sagen, die Gans. Sie war zäh.

Als die Feiertage vorüber waren, schrieb ich an Opa, er möge doch die Chaiselongue wieder schicken, die wir bei ihm untergestellt hatten. Die Couch war ja nun einmal verspeist, und Papa wollte wieder einmal ein gemütliches Mittagsschläfchen halten.

Vierzehn Tage später kam die Antwort, die uns leidgeprüfte Eltern erst einmal auf den nächsten Stuhl sinken ließ. Opa schrieb:

"Meine lieben Kinder. Es tut mir sehr leid, aber ich kann Euch die Chaiselongue nicht schicken. Da ich angenommen hatte, daß ihr sie nicht mehr braucht, habe ich sie seinerzeit gegen das Schaukelpferd eingetauscht."

Gerd J. Grein

Weihnachtszeit
im Langener Kleinbürgerhaushalt
um 1950

Die Weihnachtszeit gehört zu den eindrucksvollsten und nachhaltigsten Erlebnissen meiner Kindheit. Diese Erlebnisse fielen in eine Zeit, als der ärgste Mangel der Nachkriegszeit zwar schon vorüber war, das beginnende Wirtschaftswunder aber noch nicht eingesetzt hatte.

Die wichtigste Zeit war die Vorweihnachtszeit. Sie begann in meiner Kindheit dann, wenn die Spiele im Freien wegen der Witterungsverhältnisse und der früher einsetzenden Dunkelheit nicht mehr so interessant waren. Im November wurden als besonderer Höhepunkt "Dickwurzlaternen" (Rübenlaternen) ausgehöhlt, mit Kerzen beleuchtet und damit die Altstadtgassen unsicher gemacht. Dann wurde mit einbrechender Dunkelheit "Räuber und Schabumbes" (Räuber und Gendarm) gespielt. Ein Rennen und Gejohle setzte ein und vestummte erst dann, wenn der letzte Spielgefährte von den Eltern "haamgepiffe" worden war oder ein verärgerter Nachbar einen Eimer Wasser aus dem Fenster kippte!

Wenn dann beim Bäcker, der einige Häuser weiter
seinen Laden hatte, die ersten Lebkuchen in der
Auslage bereit lagen, dann war dies ein untrügliches
Zeichen dafür, daß eine ganz besondere Zeit sich an-
kündigte: die Vorweihnachtszeit! Dieser Termin war
für mich und für meine Großmutter mütterlicherseits
eine sehnlichst herbeigesehnte Zeit, denn sie war
angefüllt mit Bastelarbeiten und stimmungsvollen
Vorbereitungen für das eigentliche Fest. Nun muß
man wissen, daß meine Großmutter eine ungemein
kreative Frau war, die mit ihren Basteleien und
Bosseleien manche Familienfeier bereicherte. Ja, sie
bosselte so gerne, daß sie sehr zum Leidwesen der
übrigen Familienmitglieder ganz und gar ihren Haus-
halt vergaß! Ende November, Anfang Dezember war
dann alljährlich der Termin, an dem mir die
Großmutter einige "Zehner" oder ein Fünfzigpfennig-
stück in die Hand drückte, womit ich in der Lage war,
beim Bäcker die ersehnten und heißgeliebten Lebkuchen zu kaufen. Der Bäcker hatte sie nicht selbst
hergestellt, sondern aus dem Odenwald bezogen. Es
gab sie in Herzform und von rechteckiger Form. Einige der schmalen, rechteckigen waren mit "Glanzbild-
cher" wie man die Papieroblaten nannte, versehen
und zeigten den Nikolaus und Hänsel und Gretel.
Diese Lebkuchen hatte ich besonders gern: nicht etwa
wegen des wohlschmeckenden Lebkuchens, sondern
vielmehr wegen der Glanzbildchen, die sorgfältig ab-

gelöst und wie ein Schatz verwahrt wurden! Die Lebkuchen wurden meist hart und dann später von der
Großmutter in den Kaffee "gedunkt". Die herzför-
migen und tafelähnlichen Lebkuchen, die nur mit
Mandelstückchen versehen waren, wurden dann von
Großmutter und mir zum "Hexenhaus" zusammengefügt. Das Hexenhaus wurde seinerzeit wohl in vielen Familien gebastelt, bevor es später in den Kondi-
toreien vorgefertigt zu kaufen gab. Die selbstgebastel-
ten waren aber viel interessanter und waren bei den
evangelischen Familien so etwas wie ein "Krippener-
satz", denn eine Weihnachtskrippe war in meiner
Kindheit bei den Evangelischen nicht üblich. Ich
erinnere mich noch sehr genau, daß ich als Schulkind
mir sehnlichst eine Weihnachtskrippe gewünscht
hatte, die im Schaufenster einer Apotheke ausgestellt
war. Ich stieß bei den Eltern auf nicht zu über-
windenden Widerstand. Es war übrigens einer der
wenigen Wünsche, die von den Eltern versagt worden
waren.

Doch zurück zum Hexenhaus! Für die Herstellung be-
nötigte man einige der rechteckigen Lebkuchen, und
zwar zwei für die Längsseiten des Hauses, einen quer
durchgeschnitten für die Schmalseite, die Giebelseite
und noch einmal zwei für das Dach. Der Giebel
wurde mittels zweier umgekehrter Lebkuchenherzen
gestaltet. Sollte das Hexenhaus besonders prächtig
werden, dann wurde ein weiterer Lebkuchen mit dem
Küchenmesser für den Schornstein und einen evtl.

Gartenzaun zerschnitten. Zusammengefügt wurden die Einzelteile mit abgebrochenen Streichhölzern, bei denen der Phosphorkopf entfernt worden war. Selbstverständlich wurden auch mit dem Küchenmesser Türen und Fenster in die "Lebkuchenwände" geschnitten. Die Fenster konnten von innen mit buntem Transparentpapier meist von roter Farbe beklebt werden. Dies war aber schon eine ganz besondere Steigerung der Bastelei! Nun begann die eigentliche Ausgestaltung des Hexenhauses: mit Zuckerwasser wurden dann Bonbons, Zuckerringe, rautenförmige Nappos usw. auf Dach und Hauswände geklebt. Waren schon Weihnachtsplätzchen gebacken, so wurden diese ebenfalls verwandt. Dies war insofern nicht ungeschickt, weil man mit dem Weihnachtsplätzchen schneller mehr Fläche bedecken konnte. Aus dem Schornstein stieg auch immer Rauch. Dieser wurde ganz einfach mit einem Rest Watte gestaltet. Die Herstellung der Figuren, nämlich der Hexe und Hänsel und Gretel, erwiesen sich als problematisch. Dazu war die Großmutter ebensowenig wie ich in der Lage. Hier half immer ein älterer Cousin aus, der mit der Laubsäge umgehen konnte, und die Figuren aus Sperrholz fertigte. Soweit ich mich erinnern kann, gab es dazu auch Bastelanleitungen, was sich dann bei der Bemalung als sehr hilfreich erwies.

Von der Großmutter solchermaßen angeregt, legte ich bei den weihnachtlichen Spielzeugwünschen allergrößten Wert auf (Eigen)Gestaltungsmöglichkeiten.

Einmal brachte ich meine Eltern in arge Verlegenheit mit meinem Weihnachtswunsch. Auf die obligate Frage, was ich mir zu Weihnachten wünschen würde, erklärte ich ganz unbekümmert, daß es "e Bobbekich", eine Puppenküche, sein sollte! Dieser unmißverständlich geäußerte Wunsch muß für die Eltern ein arger Schock gewesen sein. Man stelle sich vor: Anfang der 50er Jahre wünscht sich ein Junge ein ausgewiesenes Mädchenspielzeug! Undenkbar! Zum anderen hatte der Vater schon genügend Geld für eine elektrische Eisenbahn (die er sich ganz offensichtlich selbst gewünscht hatte) angespart. Und nun so etwas! Da aber die Eltern ihrem einzigen Sprößling fast alle Wünsche erfüllten, wurde auch dieser außergewöhnliche realisiert. Und das war so: Puppenstuben und Kaufläden, wie auch Eisenbahnen wurden in den seltensten Fällen neu angeschafft. Sie wurden innerhalb der Familie "weitergereicht". Der jüngere Bruder bekam den Kaufladen vom älteren, wenn dieser aus dem Spielalter heraus war und dann bekam der nachgewachsene Cousin das Familienstück. Da die Spielsachen in der Regel auch nur zur Weihnachtszeit vom Dachboden geholt und aufgebaut wurden, war der Verschleiß so gut wie ausgeschlossen. Es gehörte aber zu einem ungeschriebenen Gesetz, daß immer wieder neue Einrichtungsgegenstände dazugeschenkt wurden: eine neue Waage für den Kaufmannsladen etwa oder einen "modernen" Spiritusherd für die Puppenküche. Bei "meiner" Puppenküche war es so, daß sie aus der Nachbarschaft stammte. Sie gehörte den "Hausleuten", bei denen wir damals in Miete wohnten. Die hatten zwei Töchter, für die die Puppenküche, die schon zwei Generationen älter war, neu aufgearbeitet worden war. Diese Töchter waren schon aus dem Alter heraus, in dem Mädchen mit Puppenküchen spielten. Das gute Stück war also vakant und stand dann unter unserem Weihnachtsbaum! Ich war glückselig; die Eltern schauten verlegen auf die Seite! So war mir also mein sehnlichster Wunsch in Erfüllung gegangen. Nur spielen konnte ich am Heiligabend damit nicht! Es war ganz offensichtlich so, daß die Eltern den Entschluß so lange vor sich her schoben, daß nur noch der Vortag von Heiligabend blieb, um die Küchenmöbel und das Gehäuse neu zu streichen. Wer noch weiß, wie lange Ölfarbe zu Beginn der 50er Jahre brauchte, bis sie endlich trocken war, kann meinen Schmerz und meine Ungeduld verstehen!

Ja, mit den Weihnachtsspielsachen in Familienbesitz ist es so eine eigene Sache. Mein Großvater väterlicherseits war ein biederer Schreiner, der als "Gaaßebauer" für sich und seine Familie noch ein Zubrot verdiente. In der Vorweihnachtszeit schreinerte und zimmerte er für seine eigenen beiden Söhne Heinrich und Willi und für die Kinder in der Verwandtschaft Spielsachen aus Holz. Als dann schon Enkelkinder da waren, wurden diese mit seinen Feierabendbeschäftigungen beglückt. So stellte er u.a. "Schoggelgäul"

(Schaukelpferde) her, deren Rumpf er auf die jeweilige Körpergröße des Kindes zuschnitt. Für den Kopf des Pferdes hatte er allerdings eine Schablone. So konnte es passieren, daß die Verhältnisse nicht immer stimmten! Ich besitze noch den "Schoggelgaul", den ich als Dreijähriger bekam: er ist kopflastig - der Kopf für den Rumpf entschieden zu groß! Das absolute Meisterstück des Großvaters ist zweifelsohne eine Miniaturschiffschaukel, die er 1928 für meinen Vater und meinen Onkel bastelte. Alles stimmt maßstäblich. Sechs Schaukeln sind vorhanden, Geländer, Orgel und der Platz für den "Schiffschaukelbremser". Ein Nachbar, der Weißbinder von Beruf war, versah den Anstrich und beschriftete das Transparent über den Schaukeln: "Sicherheits-Schiffschaukel von Geschwister Grein". So haben zuerst mein Vater und sein jüngerer Bruder damit gespielt, dann kam das gute Stück in die Hände eines Jungen aus einer Familie mit denen die Großeltern "Freundschaft hielten". Erst einige Jahre später spielte mein ältester Cousin damit, bis ich dann an die Reihe kam. Nach mir hat nur noch mein Cousin Rolf damit Freude und Spaß gehabt. Dann riß die Kette ab und das war gut so. Auf diese Weise hat Großvaters Meisterleistung überdauert. Sorgsam verpackt, fristete die Schiffschaukel in einem abseitigen Winkel des Dachbodens seine Zeit, bis vor zehn Jahren beim "Kruuschen" das Paket meinem jüngsten Cousin und Patensohn Thomas in die Finger geriet, der es mir wiederum offerierte. Seit dieser Zeit gehört Großvaters Schiffschaukel zu den meist bewunderten Exponaten in unserem Spielzeugmuseum!

Bemerkenswert waren auch die Weihnachtsbäume, die "Christbäume" in meiner Kindheit, und zwar deshalb, weil ich sie in so unterschiedlicher Form mit so ganz unterschiedlicher Auszier erlebte. Im Elternhaus gab es einen etwa 1 1/2 m hohen Weihnachtsbaum, der vom Vater sorgsam ausgesucht und am Vortag von Heiligabend so zugerichtet wurde, daß er in den eisernen Baumständer paßte. Am späten Vormittag oder frühen Nachmittag von Heiligabend wurde er dann vom Vater geschmückt. Die Mutter war mit der Vorbereitung des Kartoffelsalates beschäftigt, denn traditionsgemäß gab es an Heiligabend immer Kartoffelsalat mit Frankfurter Würstchen. Dies unterschied den Festtag vom normalen Sonntag. Da gab es nämlich immer abends heiße Fleischwurst. Auf das Schmücken des Weihnachtsbaumes verwandte der Vater sehr viel Zeit und Akribie. An den Baumschmuck kann ich mich noch sehr genau entsinnen, denn in den 50er Jahren, als es wieder wirtschaftlich bergauf ging, hatten die Eltern neue Christbaumkugeln gekauft. Sie waren dem Zeitgeist entsprechend einfarbig von silbrigem Ton. Dies korrespondierte innigst mit dem Lametta, welches der Vater sorgfältigst Faden für Faden an die Zweige hängte. Nichtsdestoweniger hatte der Baum etwas Zurückhaltendes. Zurückhaltendes, ja Kühles. Um ihn größer erscheinen zu lassen, wurde er auf einen kreisrunden "Rauchtisch" gestellt, einem der wenigen Möbelstücke, welches sich die Eltern auf Bezugsschein bei ihrer Hochzeit leisten konnten! Ganz anders und von mir geliebt waren die Christbäume bei den Großeltern. Sie waren bei weitem nicht so groß, wie der bei den Eltern. Sie mögen vielleicht einen halben Meter in der Höhe betragen haben. In dieser Art waren die Christbäume auch schon Jahrzehnte vorher beschaffen: sie waren früher einfach kleiner gewesen. Dagegen war der Schmuck durch Christbaumkugeln viel bunter und üppiger. Da gab es keinen Baumschmuck Ton in Ton. Nein, alles wurde an den Baum gehängt, was sich über Jahrzehnte angesammelt hatte. Da leuchteten die Kugeln grell bunt und setzten sich von den silbrigen Zapfen und Sternen ab. Da gab es Baumschmuck in der Art von kleinen Häuschen, Schuhen, Nikoläusen und Pilzen. Ganz besonders hatte es mir ein Schwan mit edel geformtem Hals angetan. Immer und immer wieder wanderten die Augen dorthin, ganz besonders, wenn er über der Flamme der Christbaumkerze in leicht schaukelnde Bewegung versetzt wurde. Es gab große, prächtig runde Kugeln und solche von recht kleiner Ausführung, die meist die Form eines Apfels oder einer Birne hatten. Sie waren mit Glimmer besetzt und verursachten bei der Berührung eine leichte Gänsehaut. Von den kleinen Baumkugeln mochte übrigens meine Urgroßmutter nichts wissen. "Dodekuchele"

(Totenkugeln) nannte sie diese verächtlich. Das findet seine Erklärung darin, daß meine Urgroßmutter vor der Jahrhundertwende noch die kunstvollen Totenkronen auf den Gräbern der unverheiratet Gestorbenen erlebt hatte, wo als besonders kostbare Ausschmückung solche kleinen, bunten Glaskugeln eingearbeitet waren.

Die Großeltern väterlicherseits hatten sich nach ihrer Hochzeit kurz nach dem Ersten Weltkrieg eine Kollektion damals moderner Kugeln gekauft. Sie hatten tropfenförmiges Aussehen und waren in lasziven Farben gehalten. Zusammen mit Lametta kamen sie alljährlich erneut an den Baum. Da selbst bei sorgsamster Behandlung immer wieder eine Kugel zu Bruch ging, dezimierte sich der Bestand von Jahr zu Jahr empfindlich. Ich kann mich an die "Schwundform" zuletzt noch gut erinnern: auf dem Vertiko in der Wohnstube stand ein etwa 60 cm hohe Bäumchen, an dem nur noch vier der besagten Kugeln hingen. "Mer brauche net mehr" hat die Großmutter versichert, "mer wisse aach so, daß Weihnoachte is!"

Der Bestand an Baumschmuck wurde bei einer Großtante und einem Großonkel auf höchst simple Weise seinerzeit dezimiert. Die beiden waren lang- jährige Ehepartner und ihre Zuneigung zueiander war nicht mehr taufrisch: was ehemals die Liebe zusammenführte, hatte später Gewöhnung und Alltag erhalten. Ich kannte sie eigenlich nur. daß sie sich stritten, und

das meist wegen Nichtigkeiten. Nun stand aber
Weihnachten vor der Tür und am "Fest der Liebe"
wollten sie sich vertragen; das jedenfalls war die
Devise, die unausgesprochen im Raum schwebte. Der
Großonkel sollte den Christbaum schmücken, was so
gar nicht nach seinem Geschmack war: er betrieb
einen Getränkehandel, und da war er mehr an's Ka-
stenschleppen gewöhnt, als an's gefühlvolle Schmük-
ken des Weihnachtsbaumes! Die Großtante war
schon flugs auf den Dachboden gestiegen und hatte
die verstaubten Pappkartons mit dem Christbaum-
schmuck heruntergeholt. Damit sie gleich zur Hand
waren, stellte sie diese auf die zweitoberste Stufe der
Treppe, die vom Obergeschoß in's Parterre führte.
Das war allerdings gar nicht so klug von der
Großtante, wie sich bald herausstellen sollte, als der
Großonkel nach unten gehen wollte und gleich in die
aufgeschichteten Kartons mit Baumschmuck trat. Er
ließ seiner Verärgerung freien Lauf und titulierte die
Großtante mit allen bekannten Namen aus Brehms
Tierleben, die von dieser aufs heftigste erwidert
wurden und somit hatte sie der Alltag wieder
eingeholt: sie hatten ihren gewohnten Streit.
"Jetzt fehlt nur noch die Geschicht' von de Put' un de
Sektflasch", würde meine Mutter sagen, wenn sie
noch leben würde, denn dieses Erlebnis an Heiligabend 1960 bei "Petter" und "Got" wird mir immer in
Erinnerung bleiben, und ich habe sie schon so oft
erzählt, daß ich sie dem geneigten Leser nicht

vorenthalten möchte. Eigentlich sagte ich nie "Petter" und "Got" zu meinen Pateneltern. Einmal, weil das in dieser Zeit schon recht altmodisch erschien und ich sie vor meiner Taufe schon immer als "Onkel" und "Tante" bezeichnete. Nun muß man wissen, daß ich erst mit acht Jahren getauft wurde, und dann wird man den Sachverhalt auch erst richtig verstehen. Die Tante stammte aus einem Geschäftshaushalt, und das waren halt bessere Leute als wir. Entsprechend ambitioniert war das Auftreten und der gesellschaftliche Umgang. Der Weihnachtsbaum bei Onkel und Tante war schon immer größer und schöner als bei anderen Familien. Er mußte mindestens 2 m hoch sein und reichte meist von der Erde bis zur Stubendecke. Die elektrischen Kerzen taten das ihrige, um jedermann zu signalisieren: seht, so sind wir. 1960 waren wir, d.h. "Mama", "Babba" und ich zum Heiligabendessen (kurz nach der Bescherung) bei Onkel und Tante und ihren beiden Kindern, dem gleichaltrigen Willi und der jüngeren Brigitte, eingeladen. "Es gibt Pute und Hawaiisalat", wurde uns verlockend angedeutet. "EideDotter" hat mein Vater gesagt, denn das waren wir ja aus unserer Familie nicht gewohnt; da gab es Kartoffelsalat und Frankfurter Würstchen, wie schon erwähnt. Dem Anlaß entsprechend hatten wir uns gut angezogen: Vater in einer Kombination mit Blazer und Krawatte und Mutter in einem dunkelblauen Samtkleid mit V-Ausschnitt. Ich selbst hatte einen Pullover an, der noch nagelneu war, weil erst bei der vorhergehenden Bescherung unter dem Weihnachtsbaum gelegen! Neben dem schon erwähnten Weihnachtsbaum erweckte der stilvoll und vornehm gedeckte Tisch unsere Aufmerksamkeit. Den Tisch zierte eine Damasttischdecke. Eingedeckt war mit neuem goldgerändertem Porzellan, wie es der gute Geschmack seinerzeit erforderte. Kompottschalen und Kelchgläser aus Kristallpreßglas vervollständigten den Gesamteindruck. Als dann die goldgebratene Pute und der dekadente Hawaiisalat aufgetragen wurden, forderte die Tante den Onkel auf: "Helmut, nun den Sekt!" Sie sagte dies in einem Ton, der vermuten ließ, daß dies eine Selbstverständlichkeit in ihrem Hause wäre. Wir staunten, ließen uns aber nichts anmerken. Als der Onkel nach geraumer Zeit mit der Sektflasche aus der Küche ins Zimmer trat und umständlich versuchte, die Flasche zu öffnen, konnte man erkennen, daß er doch so ganz und gar ungeübt in solchen Dingen war. Er nahm also den Flaschenboden in den linken Handteller und schraubte mit der rechten am Verschluß. Nach einigem hin und her und gehörigem Schütteln der Flasche ertönte ein unglaublicher Knall, und der Korken flog an die Decke. Der solchermaßen erschreckte Onkel ließ die Flasche gehen, und die fiel auf die Schüssel mit dem Hawaiisalat, wobei sie eine Ecke herausschlug, was wir aber erst später bemerkten. In seiner Not versuchte er, die überschäumende Flasche zu halten, die ihrer-

seits ein hemmungsloses Eigenleben entwickelte. Da
er sie wiederum am Boden zu halten versuchte, übernahm die Flasche die ungewollte Rolle als Feuerwehr-
schlauch, d.h. alle Familienmitglieder und wir Gäste
wurden mit Sekt naß gespritzt. Meine jüngere Cousine fing gleich an, mörderisch zu schreien, während
mein Cousin sich am Ohrläppchen zupfte, so wie die
Schwimmer das Wasser aus dem Ohr zu schütteln
versuchen, wenn sie aus dem Schwimmbecken steigen. Meine Mutter saß im Unterrock da, denn das
Samtkleid klebte fürchterlich. Vater hatte Sacco und
Schlips abgelegt, doch das Hemd war ebenfalls in
Mitleidenschaft gezogen. Am Hals von Tante war ein
Handteller großer roter Fleck zu erkennen, doch
versuchte sie, sich zu beherrschen. Alle Beteiligten
waren mucksmäuschenstill, tiefe Betroffenheit hing im
Raum, und es hätte eigentlich nur ein Funke gefehlt,
um den sorgsam unterdrückten Unmut zum Überko-
chen zu bringen! Aber wir versuchten alle, das Best-
mögliche aus der Affäre zu machen: Die Schüssel mit
dem Hawaiisalat wurde schräg gehalten, damit der
Sekt abfließen konnte. Ebenso die Platte mit der Pute.
Wir aßen dann still vor uns hin, doch die rechte
Freude wollte nicht mehr aufkommen, denn es
schmeckte an diesem Abend alles nach dem süßlich-
klebrigen Sekt!

Katharina Stroh

Als der Nikolaus seine Dresche bekam

In jenem Dezember war alles anders, wie man ja schon an dem Titel der Geschichte sieht. Ende November war es draußen noch so mild, daß man glauben konnte, es ginge auf Ostern zu, und die alten Leute auf den Straßen liefen noch barhäuptig. Die Schlitten, die sonst um diese Jahreszeit meist schon in Betrieb waren, standen noch ungenutzt in den Schuppen und warteten darauf, daß man ihnen die Kufen fettete, und auf dem Hang in der Theisenmühle wuchs noch das grüne Gras, etwas ausgebleicht und von ein paar kurzen Frostnächten ins Gelbliche spielend. Dort stand das kleine Haus des Dampfmüllers, der so hieß, weil er eine Holzschneidemaschine besaß, mit der er den Einwohnern das Holz schnitt, das Feuerholz war schon lange geschnitten und saß sauber gestapelt und aufgeschichtet in den Verschlägen, bevor es in den hungrigen Mäulern der Öfen verschwand und das Wasser im Schiff wärmte. Eine rechte Vorweihnachtsstimmung wollte nicht aufkommen, obwohl in den Küchen schon die ersten Stollen und Plätzchen gebacken wurden. Am zweiten Dezember gab es Gewitter und Regen, doch am vierten Dezember, einem Mittwoch, kamen die Regentropfen in dichten, feinen Eiskristallen vom Himmel und

überzogen Dächer und Bäume, Pfosten und Gatter
mit weißen Hauben und dämpften die Schritte der
eilenden Menschen. Als der Nikolaustag nahte, war
draußen eine richtige Zuckerbäckerlandschaft entstanden, mit weißen Zinnen und Türmchen, als habe
die stille Landschaft eine weiße Tafeldecke für eine
kommende Festmahlzeit aufgelegt.

Mein Cousin und seine Schwester waren aus dem
unteren Teil des Dorfes zur Großmutter herauf-
gekommen. Mittags waren wir nach der Schule durch
die Theisenmühle auf der alten Eisenbahnbrücke gewesen, auf deren Böschung der nächste Ginster wuchs
und hatten uns Ruten geschnitten, mit denen wir
jetzt auf der Gasse herumtobten und Nikolaus prob-
ten und auf das Dunkelwerden warteten. Weil es uns
zu lange dauerte, liefen wir jetzt zu dritt durch das
Gäßchen hinter der Kirche an der Schmiede vorbei
zur Hauptstraße hinab, wo bald der Schlitten der
Bäckerei Stapp mit dem Glockengebimmel und dem
schnaufenden Pferd davor auftauchen mußte. Wenn
man dort die Süßigkeiten kaufte, fuhr sie der Bäcker-
meister und ein Bäckerbursche, als Nikolaus und
Knecht Ruprecht verkleidet, an diesem Tage aus.
Endlich kam er um die Ecke gebogen und wir beob-
achteten mit klopfendem Herzen das Verschwinden
und Wiederauftauchen der beiden in den Hoftoren.
Mein Cousin war damals etwa zwölf Jahre alt, meine
Cousine neun und ich sieben. Der jüngste Cousin,
der unser Kleeblatt noch vervollständigen sollte, war

noch gar nicht geboren. Dann rannten wir wieder
zurück und löcherten die Großmutter, wann der
Nikolaus zu uns käme. Meine Großmutter war an
diesem Tag immer in trauriger, melancholischer
Stimmung, vor Jahren hatte sie an diesem Tag ein
Kind begraben müssen, das jetzt unter einer dicken
Schneedecke auf dem Friedhof lag. Sie wollte an
diesem Tag meist alleine sein, mit ihren trüben
Gedanken und ihrem Jahrzehnte alten Kummer, von
dem sie sich Zeit ihres Lebens nicht mehr zu lösen
vermochte.
"Ich muß erst noch die Ziegen füttern," beschied sie
uns, "aber der Nikolaus kann jeden Augenblick
kommen!" Sie ging in den Stall hinaus und wir
drückten uns in heimlicher Vorfreude, gepaart mit
Furcht, an dem Fenster, das auf die Gasse ging und
an dem Eisblumen wuchsen, die Nasen platt. Endlich
hörten wir ein Poltern auf der Treppe und eine grobe
Schelle, eine harte Männerfaust schlug an die Tür
und stieß sie auf. Wir drückten uns in die Ecke, eine
finstere Gestalt griff nach meinem Cousin und fragte
ihn, ob er auch brav gewesen sei. Er nickte, aber der
Nikolaus wußte es offensichtlich besser und begann,
mit der Rute auf ihn einzudreschen, hart und
verbissen. Die vergangenen Jahre war der Nikolaus
immer sanft gewesen, er hatte ein freundliches Gesicht gehabt, so weit man das unter dem angeklebten
Bart erkennen konnte, hörte sich unser auswendig

gelerntes Sprüchlein an, und verteilte dann seine Gaben, er mahnte uns, fleißig und brav zu sein, und stapfte dann wieder hinaus. Sein Gang glich immer dem des Nachbarn vorne an der Ecke, und der wird es auch gewesen sein, ein verhinderter Großvater, dessen einziger Sohn noch in den letzten Kriegstagen gefallen war. Aber dieser langjährige Freund unserer Kindertage war im September gestorben, und Genaues wußte man nie und wollte es auch nicht wissen, um sich den Kinderglauben zu erhalten. Dieser jedoch und die Stimme, die jetzt "Rotzlöffel, verdammter," schrie, gehörte unzweifelhaft einem Nachbarn weiter oben, einem kampferprobten Vater von vier halberwachsenen Söhnen, der hartes Zupacken gewohnt war und das Verteilen von Backpfeifen besser beherrschte als das von Pfeffernüssen und der jetzt unter der falschen Verkleidung als Wolf im Schafspelz seine sadistischen Züge und Rachegelüste für das abendliche "Schellenkloppen", unser beliebtestes Spiel, auslebte und die Raubzüge durch seinen Obstgarten vergalt. Auch der sanfte Nikolaus der vergangenen Jahre hatte unsere Heimsuchungen erdulden müssen und war davon nicht verschont geblieben, hatte sich jedoch nie auf diese niederträchtige Art an uns gerächt, im Gegenteil, er hatte an der Südwand seines Hauses einen Aprikosenbaum, eine seltene Frucht in unseren Breiten, exotischer als Bananen und Ananas. Als er zu wackelig war, um auf die Leiter zu steigen, durften

wir ihm bei der Ernte helfen und uns nach Herzens-
lust die Bäuche vollstopfen. Mein Cousin war nicht
besser und nicht schlechter als die anderen Gassen-
jungen, aber jetzt hatte es ihn übel erwischt, er hatte
sich in den Flur an die Garderobe geflüchtet und
steckte seinen Kopf in die Joppen und Mäntel, die
dort hingen und weinte herzzerbrechend vor sich hin.
Meine Cousine und ich hielten uns hinter der
Schrankecke, hinter die wir uns verkrochen hatten,
mucksmäuschenstill umschlungen und warteten
blutenden Herzens darauf, daß er uns übersah.
Endlich ließ der grobe Geselle von meinem Cousin
ab, er hatte sein Mütchen an ihm gekühlt und kam
jetzt zu uns, denn vergessen hatte er uns nicht. "Sag
Dein Sprüchlein auf," wies er meine Cousine an und
hielt die Rute aufrecht in der einen und in der
anderen Hand den Sack. Es war ein schwarzer
Kohlensack, und wer darin verschwand, konnte nur
als Schornsteinfeger wieder auftauchen, und angster-
füllt leierte meine Cousine ihr Sprüchlein herunter,
stockend und mit weit aufgerissenen Augen. Be-
friedigt nickte er, als sie fertig war, zufrieden mit ihrer
Angst und seiner Macht, die ihm dieses Amt über
seine Nachbarn verliehen hatte. "Und nun zu Dir,"
wandte er sich mir zu. Tagelang hatte ich mir im Stil-
len mein Verslein vorgesagt, es saß in meinem Innern
so angegossen wie mein dunkelrotes Kleidchen. Aber
jetzt schüttelte ich trotzig den Kopf, während sich
gleichzeitig meine Kehle zuschnürte. So erniedrigen

lassen wollte ich mich nicht, auch meine Cousine und ich hatten sich an dem abendlichen Schellenkloppen beteiligt, und die Dresche dafür stand vielleicht noch bevor. Der schreckliche Nikolaus hob drohend Sack und Rute, als meine Großmutter, herbeigerufen von dem Gebrüll meines Cousins endlich als Retterin in der Not erschien. Mit einem Blick erfaßte sie die Situation und baute sich vor dem Nikolaus auf, sie war klein und sparsam, aber resolut. Der Kummer dieses Tages verlieh ihr einen ungeahnten Zorn und Kraft, in einer Falte ihres Gemüts erinnerte sie sich wohl, was dieser Tag einst für sie bedeutet haben mochte, sie schrumpfte mit uns auf die gleiche Kindergröße, doch schon im nächsten Augenblick schien sie in's Riesenhafte zu wachsen und stand auf den Zehenspitzen, hochaufgerichtet und schweratmend in ihrer verschossenen, blauen Kittelschürze, die sie noch vom Ziegenfüttern anhatte und verpaßte dem Nikolaus eine prächtige Ohrfeige, so daß der Bart auf den rotglühenden Ofen in der Ecke flog und das feiste Gesicht unseres Nachbarn sichtbar wurde. Mit zornrotem Gesicht schrie sie ihn an: " Und daß Du nie wieder dieses Haus betrittst!" Wortlos nahm der falsche Nikolaus seinen Bart, der schon zu glimmen angefangen hatte, vom Ofen und verschwand. Nur ein beißender Gestank und das leise Schluchzen meines Cousins füllten den Raum, so daß man glauben konnte, nicht der Nikolaus sondern der Satan sei durch's Ofenrohr gefahren.

Meine Großmutter holte eine Dose mit Plätzchen aus dem Schrank und las meinem Cousin als Hauptbetroffenem ein Kapitel aus dem "Rächer der Enterbten" vor. Sie hatte ihre Enkel glänzend gerächt, und die Erben saßen getröstet auf ihrem Schoß, soweit das zu dritt möglich war. Dann zog sie den Kittel aus und setzte ihren schwarzen Hut, den sie sonst nur zu Beerdigungen trug, auf und ging mit uns durch den weichen Schnee, der unter unseren Sohlen knirschte, das Gäßchen entlang zur Bäckerei Stapp, die schon lange geschlossen war und klingelte. "Schorsch, hast Du noch ein paar Nikoläuse," fragte sie, und wir durften uns einen großen Nikolaus aussuchen, denn die größten blieben fast immer übrig. Der Lichterglanz des Weihnachtsfestes zauberte wieder das Leuchten in unsere Kinderaugen zurück, und das Christkind hatte die gleiche Puppenküche und Dampfmaschine wie jedes Jahr vom Speicher gezaubert. Die Puppen hatten neue Kleider an, meine Lieblingspuppe einen Muff aus Hamsterfell bekommmen, der an einer Kordel um ihren Hals hing, die verdächtig der Borte an den Vorhängen ähnlich sah und nicht in den himmlischen Werkstätten der Engel entstanden sein konnte. Die Puppenküche war frisch tapeziert, der Herd mit Spiritus gefüllt und in der Schmiede der Dampfmaschine sausten die Hämmerchen und surrten die Rädchen, wir rührten Haferflocken und Kakao und boten die

Puppenwürstchen aus der Metzgerei Christian den stummen Zeugen unserer Kinderzeit an, die jedoch nie Appetit hatten, und aßen dann alles selber auf. Am Silvestertag begruben wir unsere Großmutter auf dem gleichen Acker, auf dem ihr großer Kummer lag und unser Großvater schon lange auf sie wartete. Auf dem Erdhügel, der neben der Grube aufgeschüttet war, blühte in unversehrter Reinheit eine Christrose, die die Totengräber von dem Kindergrab genommen hatten, und sie blühte bis weit in den Februar hinein, schöner denn je, als alle drei schon lange im Paradies vereint waren. Mit den hartgefrorenen Erdschollen, die dumpf auf den Sargdeckel aufschlugen, verschwand auch ein Teil unserer Kindheit in der Grube, und seit diesem Weihnachtsfest glaubten wir nicht mehr an den Nikolaus.

Gerwine Bayo-Martins

Tropenweihnacht

Es war der 24. Dezember, in Deutschland der Tag des Heiligen Abends. Noch am morgen war Valeska mit dem Volkswagen Käfer die 30 Kilometer von Maryland nach Lagos gefahren, um sich um die letzten Weihnachtseinkäufe zu kümmern. Dezember in Lagos, an der Küste - in den Erdkundebüchern hieß es immer "tropischer Regenwald" - bedeutete die alljährliche Begegnung mit dem Harmattan. Der trockene heiße Wüstenwind aus dem Norden brachte kühlere Nächte und frische Morgenluft und damit die Menschen dazu, morgens und abends Pullover zu tragen, die sonst in den Truhen versenkt blieben. Er führte auch den roten, feinpudrigen Wüstensand aus der Sahara mit sich, der durch die kleinsten Ritzen drang und alle Gegenstände mit seiner dünnen rotbraunen Schicht überzog Die Hausdiener wischten in dieser Zeit zweimal am Tag Staub.
Früh stieg die bleiche Sonne aus den Niederungen des Horizonts hinter den Sandschleiern auf. Zur Mittagszeit stand sie dann im Zenith, nahe dem Äquator, und blickte gleißend hell aus brennenden Augen auf die geschäftigen Besucher der Stadt, unter die sich auch Valeska gemischt hatte, ihre Handtasche fest an sich gedrückt. Die kilometerlangen Autoschlangen

schoben sich aus allen Richtungen Stoßstange an
Stoßstange in das Straßenlabyrinth, um auf die Insel
Lagos zu gelangen. Ganz Lagos State schien unterwegs zu sein. Handtaschen im Auto auf dem Schoß
zu halten - bei wegen der Hitze weit herunterge-
kurbeltem Fenster gingen nur Neulinge in der Stadt
dieses Risiko ein Zu schnell waren die flinken Stra-
ßenjungen und -mädchen dabei, blitzschnell einen
lukrativen Fang zu machen, bündelweise Naira.
Reiche Marktfrauen trugen den Hauptteil ihrer
Bündel nur unter ihren aus mehreren Tücherschich-
ten bestehenden Röcke - ein sicherer Platz - aber auch
die Handtaschen bargen noch genugend Schätze in
den Falten des Taftfutters.
Auf der Marina, einer Uferpromenade in Lagos, die
auch schon glanzvollere Zeiten gesehen hatte, drängten sich die Menschen. Dort zogen sich die großen
Warenhäuser entlang, die indischen Geschäfte Bhoj-
sons und Chellarams, das griechische Haus Leventis
und Kingsway, die Königin, das größte Warenhaus,
früher englisch geführt. Dort fanden die Kunden die
weihnachtlichen Überraschungen in Form von
bunten, silbernen und goldenen Girlanden, neue
Auswahl von Stoffen, Büchern, Haushaltswaren und
anderen begehrten Dingen. Und wer ging mittendrin
spazieren? Tatsächlich, Father Christmas, der Weihnachtsmann, im roten pelzbesetzten Mantel mit wei-
ßem langen Bart und Kapuze verteilte Bonbons an die
Kinder. Aus den Lautsprechern klangen die Weih-

nachtschoräle "Hark, the Angels sing" oder "Drummer Boy" und andere. In der von einer Klimaanlage erzeugten Kühle wähnte Valeska sich fast in Europa, aber nur beinahe, denn dort wären die Kaufhauser zur Weihnachtszeit ja warm Der eisige Hauch, der hier aus den Kühlschlitzen strömte, erfrischte und erquickte Körper und Geist nach der staubigen, klebrigen und benzinverqualmten Hitze draußen, inmitten der vielen Stände und fliegenden Händler, die unermüdlich ihre Waren anboten. Die Kinder liefen staunend neben ihren Müttern und Vätern her. Was gab es dort nicht alles zu sehen: Puppen und Tiere, auch Autos zum Aufziehen, Plastikspielzeug, Baumschmuck, Staub- und Geschirrtücher, Superkleber, Mützen, Vicks Bonbons, eisgekühlte Milch, Fleischpasteten, Orangen und Bananen.

Für viele Kinder brachte das Weihnachtsfest neue Kleider und Schuhe, für Geschwister alle aus dem gleichen Stoff, stolz zeigten sie sich dann am Weihnachtstag, dem 25. Dezember in der Kirche und nachher auf den Parties. Dort wurde gekocht, gegrillt und gebraten, stundenlang, oft unter freiem Himmel. Ströme von Bier, Whiskey, Schnapps* aus Holland, Wein und Sekt, aber auch alkolholfreie Getränke flossen die Kehlen hinunter, ausgedörrt von der Hitze und durstig nach dem scharf gewürzten Essen.

* Diese Schreibweise ist richtig; ein Getränk wie Genever, klar.

Freunde und Nachbarn trafen sich zu Hause oder am Strand. Manche Familien besuchten ihre Heimatdörfer. Zu Weihnachten tanzten dort die Puppen, vielfarbig und kunstvoll verkleidete Menschen, Maskeraden genannt, die Götter und Geister darstellten. Sie tanzten zu den vielstimmigen Klängen der verschiedenen Trommeln, es gab auch Maskeraden auf Stelzen, die riesig und sicher, überlegen groß einherstaksten und so taten, als wollten sie die Kinder fangen, die sich kreischend versteckten.

Weihnachten und Sylvester/Neujahr hießen hier die "Season". Die Menschen begrüßten sich mit "compliments of the season" und verabschiedeten sich auch mit diesen Worten.

Valeska schlenderte am frühen Abend des 24. Dezember durch ihren kleinen dörflichen Vorort von Lagos, wo sie mit ihrem Mann und drei Kindern wohnte. Dies war ihr erstes Weihnachtsfest in dem fremden Land, das sie jetzt seit drei Monaten kennenlernte. Sie dachte an Deutschland in der Dunkelheit, vereinzelt mochten schon Lichter hinter den Fenstern aufblitzen. Die Zeitzonen waren gleich, aber Welten trennten die Länder! Sie erinnerte sich an die Zeit ihrer eigenen Kindheit, als ihr Vater immer im Schlafzimmerfenster echte Kerzen als Grüße für die DDR, die Ostzone genannt, aufstellte. Er lief dann zwischen Wohn- und Schlafzimmer häufig hin und her, um sicher zu sein, daß nichts anbrannte. Wenn alles richtig schien, war dann die Bescherung,

pünktlich um sechs, die Mutter läutete mit einer
kleinen Glocke, und Vater legte die Schallplatte mit
den Weihnachtsliedern auf, die mit feierlichem
Glockenläuten begann und endete. Für die
Bescherung ihrer drei Kinder hatte Valeska auch alles
vorbereitet. Die Zweige ihres grünen Plastiktannen-
baums trugen Watteschnee. Lamettafäden leuchteten
im Glanz der elektrischen Kerzen. Die kleinen Kinder,
fünfeinhalb, vier und eineinhalb Jahre alt, waren zu
lebhaft für echte Kerzen, die ohnehin in der Tropen-
weihnacht in einem nichtklimatisierten Haus dahin-
geschmolzen wären.
Die Geschenke lagen bunt verpackt für die Bescherung bereit. Ihre eigene kleine Glocke wartete auf dem
Wohnzimmerschrank darauf, daß sie läuten durfte.
Im Ofen brutzelte nach englischer Tradition der erste
Truthahn, den sie je bereitet hatte. Die dunkelgrünen
Gardinen waren zugezogen, aber blähten sich etwas,
denn dahinter standen die Fenster offen, weil ihre
Wohnung mit Ventilatoren ausgestattet war Zur Feier
des Tages trug der große Eßtisch eine weiße Tisch-
decke Die Kinder warteten in ihrem Zimmer auf den
erlösenden Ruf: "Es ist soweit!"
Vorbei schritt sie an den grauen und weißen und
zweistöckigen Behausungen, in denen die Hitze des
Tages glühte, die die Wellblechdächer gespeichert
hatten. In den offenen Türen schwangen die in der
Mitte geknoteten Vorhänge, damit die Luft zirkulie-
ren konnte. Bunte, mit den Köpfen in hühnerart

nickende Hühner pickten am Boden, und schwarze
Ziegen trotteten vor ihr über die Straße. Träge streck-
ten sich braune, magere Hunde neben den niedrigen
ausgetretenen Stufen vor den Eingängen aus oder
wühlten mit den Schnauzen im Müll am Straßen-
rand. Sie kehrte um, ihrem Zuhause entgegen, wo
ihre Familie wartete.

Manfred Steinbrenner

Merry Christmas

Es kommt ein Schiff geladen...
nicht wie einstmals die Arche Noah mit überlebens-
willigen und -tüchtigen Spezies jedweder Art, sondern
bestückt mit kinderfreundlichen Personal-Computern,
neuen Hi-fi-Anlagen, schickschwarzen Gummi-Des-
sous, Cyber-Sex-Programmen, Skistiefeln und einem
"Darf's ein neues Auto sein, Schatzilein?"
O wie lacht!
Natürlich sind Weihnachtszeiten mit Apfel, Nuß- und
Mandelkern, Schaukelpferden und Zinnsoldaten so
weit entrückt, daß man den Uraltkinderträumen
romantischer Prägung nicht einmal einen Nikolaus,
geschweige denn ein Christkind mehr abgewinnen
mag.

Kling, Glöckchen, diamantner Ring, schwing, Händ-
chen schwing!

Fest steht, daß jeder Mensch innerhalb einer Gesellschaft christlicher Ausprägung jene Anzahl an Weih-
nachtsfesten verlebt, so er alt ist. Merkwürdig genug:
Wie sich diese gestalten, gehört zu den privatimen (da
weitgehend melancholisch gefärbten) Geheimnissen

von Bürgern jedweder Couleur und sind damit Gradmesser vielerlei Temperamente.

Als da wären: Weihnachtslangweiler, die sich nie und nimmer von ihrer Stille-Nacht-ach-war-das-schön-Seligkeit verabschieden würden.

Engelein hier, Räuchermann da; eine sich drehende Pyramide aus den Restbeständen des VEB "Opium für's Volk" erzheuchlerischer Provenienz sowie ein Satz Christbaumkugeln "pünktlich zum Fest" von Ikea.

Hier schon trennen sich der Langweiler und der Weihnachtsprogresstypus.

Waren Girlanden in den Räumlichkeiten der Erstgenannten noch Garanten fiktiv-friedvoller Natur mit Harz- und Tannennadelduft, so wählt der "neue Mensch" eine effekthaschende Alternative mit "Jingle Bells" als musikalischer Untermalung vor einer Kulisse an blinkendem Leuchtfeuerwerk (blink-blitz) in jedem Wohnungsfenster.

Dies auch eine Reminiszenz an den Zucker vor dem Fenster für den Klapperstorch oder die Kerze zum Gedenken an jene von "drüben", die sich nicht einmal eine Banane leisten konnten. Oh, diese Innerlichkeit!

Nicht einmal der "White Christmas" oder " Rudolph, the rednosed Reindeer"-Saxophon-düdelnde Nachbar mag den Weihnachtsprogressor mehr auf die Palme zu bringen (Stechpalme bitte!), wenn das Fest des Friedens naht. Morgen Kinder, wird's was geben! Wahrscheinlich gehörte ich schon immer zu den Kritikern nicht nur von Weihnachtsfeierlichkeiten, sondern von Familienfesten überhaupt. Weder beschwingt-altertümlich noch fetzig-neuzeitlich, bedeutete mir Weihnachten in der Hauptsache eine willkommene Abwechslung vom immergleich elterlichen Alltag und: am meisten (darauf freute ich mich ein ganzes Jahr über) entzückte mich die absolut laut-falsche Stimme meines Onkels, die meine mitflötende Cousine und mich jedesmal nötigte, vor halbunterdrücktem Lachen und Prusten nur noch stakkatohaft unserer Instrumente Herr zu bleiben. Wir hätten uns bei "Oh, Du Fröhliche" niemals anschauen dürfen, ansonsten wäre aufgrund unserer Heiterkeit das Fest der Liebe sicherlich zu einem der Hiebe geworden. Mit meinem Onkel war nicht zu spaßen und: an Weihnachten lacht man nicht. Gerade jenes Tabu war es, welches das Christfest für mich zu einem des Frohsinns werden ließ.

Jede Form von melancholischem Ernst treibt Heiterkeit auf die Spitze. Einem Nominalisten ist "Oh, Du Fröhliche" gegebener Anlaß zum Amusement. Dieses hatte ich.

Schon mit erwachender Pubertät wurde mir klar, daß sich weihnachtliche Zeitplanung innerhalb einer nur achtköpfigen Großfamilie einschließlich Onkeln und Tanten so schwer verwirklichen ließ wie im kleinsten Untergremium einer politischen Partei. Jedwede Vorbesinnung unter dem Motto "Macht hoch die

Tür" war überschattet von der großen Frage, wer wann zum Gottesdienst ginge bzw. welche der insgesamt Drei-Parteien-Familie am meisten unter den Vorbereitungen zum Fest aller Feste zu leiden habe. Dies - abhängig nicht nur von der Wahl des Baumes (ob es längerer Zeit bedürfe, dessen Stamm paßgerecht in den hierfür vorgesehenen Ständer einzuplacieren), sondern vorrangig durch die Ehre der Hausfrau, ob die Treppe geputzt sei oder nicht.

Im Grunde wollte jeder bei sich zu Hause feiern ("daß jedermann sich schätzen ließe"), getraute sich aber nicht, wenigstens einmal im Jahre unumwunden der Wahrheit die Ehre zu geben, auf daß es friedlich wäre auf Erden.

So gab es Telephonate hin und her, wurden Zeitpläne erstellt, ob es günstiger sei, dem Kindergottesdienst oder der Erwachsenenmesse beizuwohnen. Am Ende kam immer dasselbe dabei heraus.

Die eine Hälfte der Familie besuchte die Kirche um 16.00 Uhr, die andere um 17.30 Uhr. Viel Lärm um Nichts!

Hatte sich die gesamte Familie schließlich nach Beendigung der Gebete und zweimaliger Weihnachtsgeschichte seitens zwei verschiedener Pfarrer um 19 Uhr bei meiner Großmutter eingefunden, so war das nächste Problem, ob der Christbaum nicht in Flammen aufgehen würde. Neben dem Gabentisch stand immer ein Eimer Wasser bereit, notfalls dem Schlimmsten zu begegnen.

Der Gabentisch selbst war, dem festlichen Anlaß gemäß, mit Küchenhandtüchern bedeckt, die den allzuschnellen Blick auf die darunter befindlichen Geschenke verhindern sollten.

Dennoch wußte jeder genau, was sich darunter verbarg. Kaffee, Schokolade und ein Couvert für jede meiner Cousinen, Kölnischwasser (echt 4711) für die Tante, jeweils ein Briefumschlag für die Eltern sowie einige Bücher für mich.

Bevor die Küchentücher wieder zusammengefaltet wurden, mußte in trautem Kreise geistlich-weihnacht liches Liedgut angestimmt werden. Jährlich übernahm ich die mehr oder weniger dankbare Aufgabe, ein Verslein herzusagen.

Meist ging es um das Christkind und die Schar der Engelein, an deren Existenz ich bereits früh (vielleicht zu früh), genauso wenig glauben mochte wie daran, vom Onanieren einen baldigen Rückenmarksschwund heraufzubeschwören. Ich tat wie ein lieber Sohn, der den Erwachsenen ihre Freude nicht nehmen wollte.

Nach der "schönen Bescherung" bei Oma ging es dann meistens mit ihr gemeinsam in elterliche Gefilde. An Heilig Abend wurde nur selten gemeinsam gegessen, da meine Mutter und meine Tante auf jeweils ihrer eigenen Küche bestanden.

Auch das Weihnachtsfest hat seine kulinarischen Eigenheiten. Während die ältere Schwester meines Vaters eine leidenschaftliche Verfechterin von Rinderhackbrötchen mit Gurkenbelag war (sie nannte sie " illustriert") - gab es bei meiner Mutter nur ein einziges Mal im Jahr "Kalten Braten", was mich später bewog, jene Köstlichkeit nicht nur zu Weihnachten sondern fast jeden Tag zu genießen. Einzige Alternative hierzu schien zuweilen der hinlänglich bekannte Hawaii-Toast - zünftig mit einer kandierten Kirsche obenauf belegt, die fast wie ein Pendant zu den Christbaumkugeln wirkte. Bei einem der seltenen Christfest-Essen für die gesamte Familie fragte meine Cousine einmal, ob es nach dem Hawaii-Toast noch etwas anderes zu essen gäbe. " Es scheint so", meinte deren Schwester, " Onkel hat Messer und Gabel noch nicht weggelegt." Es gab .... noch einen Hawaii-Toast.

Der Gabentisch im Hause der Eltern war nicht ganz so geheimnisvoll wie der bei Großmutter. Zum einen waren die Geschenke nicht dekorativ mit Küchen-tüchern bedeckt, sondern prangten in unverhohlener Schönheit kitschig bunten Weihnachtspapieres. Zum anderen - und dies geschah fast jährlich - konnten meine Eltern stetig einen Teil der geplanten Geschenke nicht mehr finden. Sie hatten sie zu gut versteckt. Ein "Aus!" für's gabenstreuende Christkind und den strümpfefüllenden Weihnachtsmann zusam-men. Zuweilen dauerte es mehrere Wochen, bis die Sachen wieder auftauchten. Jene Geschenke, die auf-gespürt werden konnten, wurden Päckchen für Päck-chen in jeweils einem heftigen Strip ihrer Verpackung entledigt. Eine Anti-Christo-Aktion sozusagen. Zwischen "Ah" und "Oh" und manchem verstohlenen "Das wäre aber nicht nötig gewesen" war es zuweilen an den Gesichtern auszumachen, daß dieser oder jene sich wirklich über die neuen Errungenschaften freute. Die Kommentare erstreckten sich aber auch auf ein "Wo soll ich denn das jetzt schon wieder hintun? Du weißt doch, daß wir so wenig Platz in den Schränken haben!" Meine Tante, die betagte Frohnatur, schoß einmal den Vogel ab, als sie einen angerauhten Rückenmassage-Streifen mit zwei Henkeln links und rechts fälschlich für einen Expander hielt.

Beliebt waren in jedem Falle Duftwässer aller Art, gegenseitige Gaben von Eduscho-Sonderposten gleichen Aussehens und gleicher Provenienz sowie eine Reihe von Büchern, die garantiert nicht den Geschmack des Beschenkten trafen. Man bedankte sich artig untereinander mit einem Küßchen auf die Wange, wünschte sich ein "Fröhliches Weihnachtsfest" und ging dann eine halbe Stunde später wieder auseinander. Zurück blieben eine hohe Halde von zerrupftem und kaum wiederverwendbarem Weihnachtspapier sowie die Illusion "Nie wieder so jung zusammenzutreffen".

Man muß die Feste feiern, wie sie fallen.

In den späten sechziger Jahren war das Fest aller Feste in meinem Bewußtsein vom Verlauf des Vietnam-Krieges überschattet.

Als, wie ich damals wähnte, überaus "politisch" denkender Mensch hatte ich mir vorgenommen, die

allgemeine Weihnachtsfreude in einem Maße zu
trüben, daß selbst die Friedensbotschaft des Papstes in
den Schatten gestellt wäre. Spielzeugpanzer an den
Weihnachtsbaum! Von Geschenken wollte ich nichts
mehr wissen und stattdessen hätte das Christkind
meines Willens lieber eine Spendenzusage an den
Vietcong geschickt.

Joan Baez sang am Heiligen Abend in einem Bunker
der Stadt Hanoi zwecks Plattenaufnahme mit ameri-
kanischem Bombardement als Background, und ich -
der ich den Weihnachtsbaum hätte schmücken sollen,
bombardierte ihn stattdessen mit zusammengeknüll-
ten Lametta-Streifen, um wenigstens kraft eines
Weihnachtshappenings anzudeuten, wie es um die
Welt bestellt sei. Es half nichts.

Noch immer wurde im Fernsehen rührselig "Der
kleine Lord" und Dickens' "Christmas Tales" über-
tragen, auch wenn der Sänger Paul Simon eine Fas-
sung von "Silent Night" mit einem Nachrichtenspre-
cher als düsterem Propheten im Hintergrund auf
Schallplatte preßte. Weihnachten kann man so wenig
entfliehen wie einem Schneesturm oder einem Tor-
nado.

Die Frohbotschaft tönt von Disneyland über den
Vatikan bis in's letzte Urlaubsdomizil auf den
Malediven oder den Molukken. Sie spricht aus den
Snoopy-Weihnachtsmann-Ohrringen und den wie
Weihnachtsbäume geformten Hüten reicher amerika-

nischer Hausfrauen aus San Diego genauso wie aus Bethlehem.

"Christ ist geboren, uns zu entsühnen", wird Jahr für Jahr heftiger behauptet, wenn Werbung und Industrie zu neuem Angriff auf mit Weihnachtsgeldern gefüllte Portemonnaies blasen.

Verschmitzt köpfe ich einen Weihnachtsmann aus Vollmilch-Schokolade und denke: Laßt mich in Ruhe.

Angelika-Martina Lebéus

Wie ein trauriger Weihnachtsabend sich in einen glücklichen verwandelte

Die Ereignisse trugen sich in einem kleinen Dorf vor den Toren Frankfurts gegen Ende der fünfziger Jahre zu. Dort lebte meine Mutter mit mir und meiner Schwester. Wir waren beide noch keine fünf Jahre alt und hatten den plötzlichen Tod meines Vaters, der vor wenigen Wochen eingetreten war, noch gar nicht so recht erfaßt. Wir glaubten, er würde eines Tages wieder da sein. Auch waren wir viel zu jung, um die geringste Ahnung davon zu haben, in welche Situation meine Mutter durch sein Hinscheiden geraten war.

Unsere Mutter vergaß trotzdem an keinem der Dezemberabende, die kleine Adventsfeier mit einem Lebkuchen aus der großen, bunt bemalten Keksdose zu krönen. Am liebsten waren uns die viereckigen, dicken, dunkelbraunen Lebkuchen, die mit einer in allen Farben schillernden Schicht aus Zuckerstreusel bestreut waren. Bevor Mutter die Dose öffnete, sangen wir Lieder, öffneten ein Türchen an dem Adventskalender und hörten die Geschichte zu dem kleinen Bild, das uns entgegenleuchtete. Es gab niemals einen Lebkuchen, bevor nicht all jenes verrichtet war. Der offenen Keksdose entströmte ein Duft, wie es ihn sonst im ganzen Jahr nicht zu riechen gab. Nach Gewürzen und Apfel duftete es, denn Mutter legte einige Apfelschalen hinzu, damit die Lebkuchen weich bleiben sollten.

Doch die Stimmung, so sehr sie auch der erinnerten vorjährigen ähnelte, war nicht die gleiche. Mutters Gesicht war hager, die Haare straff nach hinten auf den Kopf festgesteckt, und ihre Augen blickten matt. Nicht so vor einem Jahr, als aus ihrem vollen, von Locken umsprungenen Gesicht die Augen uns klar, fröhlich anblitzten.

So schien es trotz der Lieder und Lebkuchen ein trauriges Christfest zu sein, das sich uns in dem kleinen Haus zwischen Dorfstraße und Waldrand näherte.

Wenn wir durch den nur aus wenigen Häusern bestehenden Ort gingen, brachte Mutter jedem Nachbarn - und hier fühlte sich ein jeder als solcher - ein Lächeln entgegen, das nicht entschwand, obgleich manch einer fragte: "Was machen die Kinderchen? Wie geht es so ohne den Mann? Darf man trotzdem ein gesegnetes, schönes Fest wünschen?"

Mutter antwortete darauf unverzagt: "Ja, ja. Wir werden es uns mit dem lieben Gott schon gemütlich machen. Und die Kinder ..."

Sie brach ab und strich mir und meiner Schwester, die wir ihr rechts und links zur Seite standen, mit einer weichen, wie in Abwesenheit sich vollziehenden Bewegung über die Köpfe.

"... und die Kinder sind noch so klein, daß sie wohl nichts vermissen werden. Baum und Krippe werden sie so mit Staunen erfüllen, und auch die Gaben - ach ja", seufzte sie.

Am Vormittag des Heiligen Abends befahl Mutter uns in gestrengem Ton, keinesfalls das Kinderzimmer zu verlassen. Sie sagte: "Das Christkind arbeitet dort unten in der Stube - horcht! -, es hat sehr viel zu tun, und ich muß gehen, ihm zu helfen."

Mit geschärfter Aufmerksamkeit vernahmen wir dann in den unteren Räumen des Hauses nun ein Hin- und Herhuschen, unterbrochen von knisternden Geräuschen und mehrmaligem Scheren-Schnipp-Schnapp. Häufig wiederholte sich ein ungemein leises, gar sorgfältiges Türenschließen.

Gelegentlich stieg Mutter auf die unterste Treppenstufe und sagte mit verhaltener Stimme: "O, Kinder, Geheimnisse ... wunderbare Geheimnisse."

Das Mittagessen mußten wir entgegen der sonstigen Gewohnheit in der Küche einnehmen. Danach fuhren wir in die Kirche zum Krippenspiel. Ich erkannte die Nachbarskinder.

Wieder nach Hause zurückgekehrt, gebot Mutter uns, solange ruhig vor der Wohnzimmertüre zu verharren, bis uns das Glöckchen riefe. Das Warten schien unendlich. Aber dann traf der silberhelle Glockenton auf unsere gespannten Gemüter, die Tür öffnete sich und hinter Mutters dunkler Silhouette, die gleich darauf zur Seite trat, schlug mir ein Strahlen ohne-

gleichen entgegen. Es verbreitete sich aus den Kerzen-
lichtern, leuchtete zwischen den ausladenden, mit
glänzenden Ketten und bunten Figuren behangenen
Ästen des Christbaums.

Ein anderer Schein lag unter den zutiefst hängenden
Zweigen und offenbarte eine Hügellandschaft, in de-
ren Mitte zwischen Moos und Steinen ein Höhlenstall
eingebettet lag. Der Boden des Stalls war mit Stroh-
halmen bedeckt, auf denen in schöner Anordnung
Maria und Josef und zwischen ihnen in der Krippe das
Christkind von einer kleinen Kerze beleuchtet wur-
den. Ich ging näher heran, fühlte, wie Mutter meine
Hand ergriff, und gewahrte im Hintergrund des Stalls
Ochse und Esel und rundherum die Schafe und zwei
Hirten, von denen einer ein Lämmchen über die
Schultern gelegt trug. Weiter hinten, noch im
Gebirge nahte die Karawane der drei Weisen, die
kostbar gekleidet waren und goldene Geschenke mit
sich führten. Doch am meisten mochte ich den
dunklen Mann, der das Kamel führte.

Nach langem Schauen entdeckte ich neben dem
Christbaum einen Tisch, auf dem all die Gaben von
einem weißen Tuch überdeckt lagen. Nun gerieten
meine Schwester und ich in eine Neugier, daß wir
kaum die Lieder mitsingen konnten, die Mutter an-
stimmte. Als Mutter das Tuch anhob, sah ich eine
Trommel und einen Kreisel. Auch eine Puppe und ein
großer "bunter Teller" voll der herrlichsten Nasche-
reien, fesselten mich. Mutter setzte sich in den Sessel,

und wir Kinder begannen, die neuen Spielsachen auszuprobieren. Doch nach einiger Zeit ging mein Verlangen immer stärker hinüber zu dem "bunten Teller". Ich setzte mich auf einen Stuhl an den Tisch und griff mir eine Süßigkeit, ließ sie genießerisch an Zunge und Gaumen zerschmelzen. Bald folgte mir meine Schwester. Mutter begann, Nüsse zu knacken. Vom Naschen konnte ich nicht genug bekommen, immerfort entdeckte ich etwas Neues auf dem Teller, wovon ich noch nicht probiert hatte. Da zwängte sich Mutters Stimme mit einem: "Nun ist's genug!" zwischen Mandelkekse, Marzipankartoffeln, nougatge-füllte Glöckchen, Schokoladenfiguren und Lebku-chen.

Zornerfüllt warf ich mich auf den Boden, darum bemüht, mit meinem lauten Geschrei Mutters Stimme zu übertönen, die erst sacht erklärte, dann bat und streng wurde. Ich ergriff die Trommel und schlug Mutter damit auf den mir zugeneigten Kopf. Darauf erhob sie sich mit großer Ruhe, nahm meine Hand sehr fest und führte mich in die Küche. Dort ging sie in die Knie, so daß ihr Gesicht vor meinem war und sprach: "Merke dir, niemals sollst du deine Mutter schlagen!" Sie beugte mich über ihre Oberschenkel und schlug mir mehrmals auf den Po.

Wir kehrten in den Festglanz zurück, und das Erlebnis wäre mir gänzlich entschwunden, hätte nicht meine Schwester, wohl aus Versehen, Mutter kurze Zeit später den Kreisel ans Bein geschleudert. Mutter

sank in die Knie, die Hände dicht vor das Gesicht geschlagen. Wir hörten ihr Schluchzen, und schließlich flüsterte sie: "Nun ist es doch mißglückt, lieber Gott - zwei Kinder und kein Vater ..."
Wir standen wie angewachsen vor ihr, bis sie die Hände vom Gesicht nahm und zu uns sagte: "Genug für heute!" Sie löschte die Kerzen und aller Glanz entschwand. Es war fast wieder ein Abend wie jeder andere, nur trauriger, als sie uns durch die dunklen Räume, die Treppe hinauf ins Kinderzimmer führte. Doch kaum hatten wir es betreten, da schrillte die Türklingel.
Mutter ließ unsere Hände los, fuhr sich durch die Haare und unter den Augenlidern entlang. Auf der Weg zur Tür gewann sie an Haltung. Als sie die Nachbarn begrüßte, klang ihre Stimme freundlich wie immer. Sie geleitete die unverhofften Gäste in das Festzimmer, und wir erhielten zu unserer Überraschung hübsch verpackte Christkindlgaben.
Kaum hatten wir ausgepackt, als es wiederum an der Haustüre klingelte. Mutter schaute fragend um sich, die Ränder der Augen noch ein wenig gerötet, aber dazwischen doch schon wieder ein frohes Blitzen.
Sie öffnete die Tür, führte die neu hinzugekommenen Nachbarn sogleich in die Wohnstube, und sie entzündete die zu früh gelöschten Kerzen von neuem.
Noch einige Male schrillte die Türklingel, und mit jedem neuen Gast wurde ihr Schritt leichter, funkelte ihr Blick lebendiger.

Sie schenkte aus einem großen Krug heißen Apfel-
wein aus, der nach Zimt duftete. Wir Kinder durften
wieder am "bunten Teller" räubern, denn er quoll
über von den Gaben der Gäste. Umgeben von
fröhlich schwatzenden Nachbarn, die mit Löffeln in
ihren Gläsern rührten, hörte ich Mutter sagen: "Ich
danke euch allen. Das ist eine Weihnachtsbescherung,
wie ich sie seit meinen Kindertagen nicht mehr erlebt
habe." Und ihr Antlitz glühte von innen heraus mit
den Christbaumlichtern um die Wette.

Walter Keim

Marina Sky
Ein Märchen

Dieses Märchen ist meiner Nichte Marina Sky gwidmet,
die am 24. Dezember geboren ist und
ein neues Licht der Liebe in meiner Familie
entzündet hat.

Jedes Gestirn hat eine Botschaft für die Menschen.
Von Zeit zu Zeit fällt ein Stern als Sternschnuppe auf
die Erde herab, und immer wieder ist es die Botschaft
der Liebe, die so in die Welt getragen wird. Wie man
aus vielen Erzählungen und heiligen Schriften weiß,
wird unter einem solchen Stern stets ein Kind geboren. Diese Sternkinder tragen ihre Botschaft in die
Menschenwelt. Sie leben unauffällig oder erregen
Aufsehen, sie werden geliebt, verehrt, mißachtet und
gekreuzigt. Immer aber leuchtet nach ihrem Erden-
leben wieder ein neuer Stern am Firmament.
Die Geschichte eines solchen Sternkindes will ich hier
erzählen. Und weil in jedem Kind ein Sternkind ver-
borgen sein kann, müssen wir die Kinder besonders
sorgsam hüten und bewahren.

Es war an einem kalten Dezemberabend an der West-
küste. Schnee hatte sich über die kleine Gemeinde

gelegt. Die Häuser und die Kirche sahen aus, als seien sie von Lebkuchen und Zuckerwatte und als wären sie liebevoll auf einer Spanplatte festgeklebt worden. Rauch stieg aus den Schornsteinen und die Fenster waren mit Kerzen erleuchtet. Eisblumen blühten auf den Fensterscheiben, und es war klirrend kalt. Es war der Abend, an dem die Kinder an das arme Christuskind im Stall zu Bethlehem denken und an die Geschenke, die es morgen bringen würde.

Der Immobilienmakler, der jedes Haus im Dorf schon wenigstens einmal verkauft hatte, aber trotzdem nicht reich geworden war, weil das Dorf nur neun Häuser zählte, war an jenem Abend keineswegs weihnachtlich gestimmt. Mehr als sonst hatten große Sorgen seine noch jugendliche Stirn in Falten gelegt. Denn seine Frau trug ein Kind unter dem Herzen, und der Immobilienmakler, der seine Frau auch wegen ihres Geldes geheiratet hatte, fürchtete, das Kind könnte bei schwerer Geburt erhebliche Kosten verursachen. Und das in einer Nacht, die doch eigentlich Freude und Glück bringen sollte.

Die Frau des Maklers war eine schöne junge Frau, und sie liebte ihren Mann und das Meer, mit dem sie auf langen Spaziergängen Zwiesprache hielt. Als der goldene Zeiger der Kirchturmuhr die 6 berührte, spürte die Frau, daß sie nun gebären müßte. Der Mann eilte darauf, die alte gutherzige Nachbarin zu Hilfe zu holen. Ob der teure Stadtarzt zu holen wäre, sollte erst einmal abgewartet werden.

Spät in der Nacht, als die Bewohner der anderen
Häuser schon lange unter dicken Federbetten lagen
und schliefen und es aufgehört hatte zu schneien, ging
über dem Haus des Immobilienmaklers eine kleine,
aber sehr helle Sternschnuppe nieder, und ein Mädchen wurde geboren. Der Immobilienmakler war nach
der anstrengenden Geburt überglücklich, denn das
Mädchen war gesund und brauchte keinen Arzt, und
seine Frau lächelte zufrieden.
Mit schwacher Stimme sagte die Mutter: "Weil ich
das Meer so sehr liebe und weil es seit meiner Kindheit mein treuer Freund und Vertrauter ist, soll mein
Mädchen dem Meer gehören und Marina heißen."
Der junge Vater, der im Augenblick alle Sorgen vergaß und sein Mädchen liebend in die Arme nahm,
sah den Schweif des vergehenden Sterns. "Ja, Marina
sollst Du heißen," sagte er stolz, "und weil die Sterne
mir heute großes Glück versprochen haben, sollst du
dem Meer *und* dem Himmel gehören und Marina Sky
heißen."

Das Mädchen wuchs zu einer engelsgleichen Gestalt
heran, und es verzauberte jeden mit seiner Lieblich-
keit. Marina Sky war immer heiter und besonders
glücklich, wenn sie auf den Feldern tollen und wenn
sie den herabfallenden Blättern und ihrem Tanz im
Wind zuschauen konnte. Oft geschah es, daß sich
nach und nach die Vögel und die Tiere des Waldes zu
ihm gesellten. Ohne Scheu suchten die Tiere die

Nähe des Kindes, und die Leute wunderten sich sehr und hörten auf, zu streiten und um Geld zu feilschen.

Der Vater verkaufte immer wieder einmal ein Haus, und er sah dabei nicht, wie schön und rein sein Töchterlein war. Er sah nicht, welches Glück und welche Zufriedenheit von Marina Sky ausgingen.
Manchmal hatte der Vater nur sowenig verdient und soviel Geld in der Gastwirtschaft ausgegeben, daß beim Abendessen auf den hölzernen Tellern nur hartes Brot und etwas getrocknetes Rindfleisch lag. Und der Vater haderte dann laut mit dem Schicksal, das ihm doch Glück verheißen hatte. Aber das Glück, Reichtümer, Geld und Macht, hatte sich auch nach all' den Jahren nicht eingestellt.
Der Vater hatte eigentlich niemals Zeit für sein Kind. Er hatte ja auch immer Angst, daß Marina, die ein Kleid von grobem Hanf trug, ihn um Geld oder ein neues Kleid bitten könnte. Aber einmal, als er vor der kargen Tafel saß, zeigte er ihr prahlerisch den kalt strahlenden Nordstern und den ferne glimmenden Sirius.
"Und dies wäre mein Glücksstern", deutete er schließlich wieder auf den Nordstern, "wenn nicht einstmals ein Stern über unserem Haus niedergegangen wäre. Seit deiner Geburt ist es also gewiß, daß ich ägyptisches Gold besitzen werde und rote Opale und in Gold gefaßtes Elfenbein. Ich werde Türkise und ge-

schnitzte Jade kaufen. Köstlicher Atlas und die Perlenhaube der Königin von Saba wird mein eigen sein. Zimtfarbene Brillanten und syrischer Balsam werden meine Schätze vermehren, Brokat und herrliche Damaszenerseide künden dann von meinem Ruhm und Reichtum!"

Marina Sky liebte es, wenn ihr Vater von den Sternen erzählte und von seiner großen Zukunft. Aber sie spürte darin auch die Kälte und die tiefe Angst des Vaters.

Die Mutter hatte sie dagegen gelehrt, daß die Dinge in der Natur zu uns sprechen und daß wir uns nur bemühen müßten, um ihre Sprache zu verstehen. Das Mädchen begleitete die Mutter auf ihren langen Spaziergängen und hörte, wie sie mit dem Meer redete und wie das Meer Antwort gab. Sie verstand die zarten Töne und das zierliche Zischen, das kunstvolle Crescendo und gewaltige Brausen, und sie spürte, daß die Mutter und das Meer zueinander gehörten. Und es grauste sie dabei.

Die Mutter freute sich an dem aufblühenden Mädchen, und sie weinte oft, weil sie ihr kein schönes Kleid kaufen konnte. Zuletzt hatte sie sogar ihren Spiegel hergegeben, um Marina eine neue Schürze zu kaufen. Die Augen ihres Kindes sollten der einzige Spiegel ihrer Liebe sein.

Eines Tages, als die Mutter allein am Meergestade spazieren ging, sprach aber das Meer: "Die Zeit ist wie der Sand, sie ist ohne Anfang und Ende und doch vergeht sie." Und es brauste: "Die Zeit, da du mich besuchen kommst, ist also vorüber. Nun sollst du ganz bei mir bleiben, oder ich will das kleine Mädchen bei mir haben, das du mir einst versprochen hast." Am nächsten Morgen hat man nur das Kleid am Strande gefunden. Die Mutter war und blieb verschwunden.

Der Immobilienmakler hatte schon lange kein Haus mehr verkauft, und er entschloß sich nun, auch im Nachbardorf Häuser zu verkaufen. Dort gab es reiche Leute und sehr viele Häuser.
Der Vater hatte den Verlust seiner Frau leicht genommen. Das Vermögen, das sie in die Ehe eingebracht hatte, war verzehrt und vertrunken. Weil das kleine Mädchen aber immer mit dem Meer Zwiesprache halten und es nach seiner Mutter fragen wollte, hatte der Vater große Sorge, daß auch sie vom Meer unheilvoll angezogen würde. So wurde Marina Sky zu einer Tante in Pflege gegeben, die keinen Mann und keine Familie hatte. Das freute den Vater, der für das Mädchen nun nicht mehr sorgen mußte.

Tante Carla, die eine Schwester der Mutter war, wohnte in jenem Nachbardorf und war sehr reich und schön, schöner noch als die Mutter gewesen war.

Sie wohnte in einem Haus von Marmor und brasilianischem Porphyr. Marina aß nun von silbernen Tellern. In ihren von Wind und Sonne gebräunten Händen hielt sie etwas ungeschickt Bestecke mit Lackintarsien und feinste Chinoiserien vom Hofe des englischen Königs. Sie hatte ihr Leibchen von grobem Hanf und die leinene Schürze abgelegt und trug ein Spitzenkleidchen und Schuhe von französischem Satin. Marina strahlte wie ein Engel Zufriedenheit und Glück aus, obwohl sie oft an die geliebte Mutter denken mußte. Aus ihrem tiefen Inneren schillerte auch Liebe herauf, die sie für die Menschen empfand, deren Blindheit sie aber betrübte.

Das reizte die Tante, die sich darüber ärgerte, daß alle Welt Augen für das Kind hatte. Ihre Reize erweckten nur noch höfliche Komplimente, und es schien, als überstrahlte Marina Sky all' die Pracht und den Luxus mit ihrem schlichten Wesen. Wie konnte es denn sein, daß eine Göre, deren Erziehung und Kultur von billigem Hanf und hölzernen Teller geprägt waren, die Kostbarkeiten, die die Schönheit der Tante erhöhen sollten, verdunkelte?
Als Tante Carla sich wie jeden Tag zurechtmachte, um auf der Promenade der Stadt zu spazieren, wo sich alle Leute von Geschmack trafen, sagte das Mädchen:"Bitte, gute Tante, nimm' mich mit. Ich gehe so gern spazieren. Und ich möchte die Stadt sehen. Und all' die Menschen, die gewiß so schön sind wie Du."

"Du bist nicht recht gescheit", sagte die Tante und zupfte ihr Kostüm zurecht. "Du bist viel zu häßlich. Hatten deine Eltern keinen Spiegel? Deine schrecklich abstehenden Locken würden mich zum Gespött der Leute machen. Geh' lieber im Garten ein wenig spazieren. Außerdem weißt Du ja gar nicht, wie man sich zu benehmen hat, du linkisches Ding!"
Marina wurde sehr still. Sie ging auf ihr Zimmer. Sie dachte an die Mutter, an die Gespräche mit dem Meer und daran, daß die Mutter nun glücklich wäre. Sie dachte aber auch an Vater und fühlte ihre Einsamkeit. Marina Sky schlief ein und die Tränen trockneten.

Der Immbolienmakler hatte nun im Nachbardorf sehr rasch sehr viele Häuser verkauft und war plötzlich reich geworden. Tante Carla wollte ihn heiraten, weil Geld zu Geld gehört, wie sie immer sagte. Das gefiel dem Mann, der sich alle Schätze, die ihm versprochen waren, nunmehr leisten konnte. Aber ein schönes Haus von Marmor und brasilianischem Porphyr be-saß er noch nicht, und so heiratete er sie. Der Makler lebte fortan in dem Haus der Tante. Er aß von silbernen Tellern und köstlichem Porzellan.
Nun, da er seine Tochter wieder um sich hatte, begriff er, daß Marina Sky trotz ihrer Ausgeglichenheit, mit der sie alle Besucher und auch die Hausdiener bezauberte, nicht glücklich war. Auf dem Grunde seiner Seele ahnte er nun zum erstenmal, daß es auch nicht

die Reichtümer waren, deren Verwaltung ihn glücklich werden ließ. Er dachte plötzlich an seine ent-
schwundene Frau und das Leben in der früheren
Einfachheit, in dem er für die Liebe seiner Familie
verschlossen und unempfindlich für das englische
Wesen seiner Tochter gewesen war.

Der Vater sprach mit der Tante, um sie für das Kind
einzunehmen. Er bat darum, daß die Tante doch
abends auch einmal zu Hause sein und nur allein für
ihn und Marina am Flügel sitzen und musizieren
sollte. Es war der 24. Dezember und die Feiertage
könnten doch in familiärer Eingezogenheit und in
Ruhe und Besinnlichkeit verbracht werden, meinte
er.

Carla hatte sich gerade ein neues Collier von Smarag-
den gekauft und wußte nicht, ob sie es zur heutigen
Weihnachtsgala in der Oper tragen sollte oder erst zur
Soirée des Regierungsdirektors an Silvester. Sie hörte
ihm mit einem Ohr zu, um die Höflichkeit nicht zu
verletzen.

Schließlich antwortete sie: "Mein Lieber, schau' doch,
wie schön der Jardin dieser herrlich dunkelgrünen
Smaragde ist und wie sehr die Steine meine Schönheit
unterstreichen! Und was Marina angeht, so geht es
ihr doch gut, sie hat reichlich zu essen und feine
Kleider. Was kann sie mehr wollen? Mehr gibt es
nicht, und mehr habe auch ich nicht. Meinst du
nicht," sagte sie im Weggehen, "daß deine Tochter

hier im Hause bei all' den Festlichkeiten und den vornehmen Gästen nicht deplaciert ist; sie hat, entschuldige, wenn ich das so offen sage, die Dorf- und Bauernderbheit, in der meine Schwester ihr Unglück gefunden hat, nicht abgelegt. - Aber, mein lieber Mann, schau doch, wie mir das Couture-Kleid steht, und laß uns nun endlich zum Ball aufbrechen. Über das Mädchen sprechen wir nächstes Jahr."

Der Vater führte seine neue Frau in die glänzende Gesellschaft, aber im Grunde wußte er nun, daß er sein Glück noch immer nicht gefunden hatte. Er hatte jetzt begriffen, was die Sternschnuppe wirklich verheißen hatte. Er hatte das Glück gesucht und sich gequält; er hatte seine Frau mißachtet und seine Tochter übersehen. Er hatte etwas verzweifelt gesucht, was ihm eigentlich schon gehörte und was er nur zu ergreifen brauchte.

Als Tante Carla und der Vater dann in der Nacht nach Hause kamen, wollte er Marina wecken und sie um Vergebung bitten. Es war Heiligabend, jener Abend an dem sein Töchterlein Licht in sein Haus gebracht hatte. Er schwor sich, an seiner Tochter alles wieder gut zu machen und ihr ein guter und liebender Vater zu sein. Aber als er das kalte Mansardenzimmer in jenem Haus des Glanzes betrat, fand er es verlassen. Marina Sky war verschwunden. Das Fenster war weit geöffnet, und ein frostiger Wind trug einige Schneeflocken herein. Am nächtlichen Firmament erkannte der Vater über seinem Heimatdorf einen kleinen hellen Stern, der ihm, der er die Sterne und ihre Bedeutung kannte, noch nie aufgefallen war. Die Astronomen grüßen in diesem Stern die Liebe unter den Menschen, die durch ein Wort in die Welt gekommen ist: Ave maris stella!

Kristina Küster

Das Geschenk

Eigentlich ist es gar keine Weihnachtsgeschichte. Sie hätte auch zu jedem anderen Zeitpunkt erzählt werden können, aber sie geschah nun einmal in der Weihnachtszeit, genauer gesagt am 24. Dezember.

Ich war so ungefähr sieben oder acht Jahre alt und wohnte mit meinen Eltern in einem Hinterhaus. Im Vorderhaus gab es einen Lebensmittelladen, in dem ich schon recht früh alleine einkaufen gehen konnte. Ich mußte ja nicht einmal eine Straße überqueren. Mir ist noch genau in Erinnerung, wie wichtig und nützlich ich mir vorkam, wenn ich mit Portemonnaie und Tasche loszog.

Der Laden gehörte einer älteren Frau, die ich nur "Tante Hallo" nannte. Eigentlich hieß sie Frau Maier, aber wenn ich den Laden betrat, klingelte oft das Telephon, und sie meldete sich dann mit einem fragenden "Hallo?" - - Ich muß wohl noch sehr klein gewesen sein, als sie von mir diesen Namen bekam, aber auch später blieb ich einfach dabei. Ich mochte sie sehr gern, weil sie nett war und mir manchmal Gummibärchen schenkte. Die aß ich für mein Leben gern. Tante Hallo tat sie in eine kleine, weiße Tüte mit blauen Pünktchen darauf. Außerdem besaß sie einen schwarz-weißen Kater namens Moritz, der auch fast immer im Laden war. Moritz lag immer dösend auf dem Stuhl, der in der Ecke stand. Ich streichelte sein weiches, glänzendes Fell. Mit der Zeit freundeten wir uns an, und er schnurrte jedesmal ganz laut, wenn er mich sah.

Tante Hallo war immer fröhlich und redete so mit mir, daß ich mich ernst genommen fühlte. Als ich noch nicht lesen konnte, gab ich ihr meinen Einkaufszettel und das Portemonnaie, und sie packte mir die Sachen in meine Tasche, nahm sich das Geld und legte mir das Wechselgeld in's Portemonnaie zurück. In der Zeit streichelte ich Moritz und unterhielt mich mit ihr. War ich allein mit ihr im Laden, erzählte ich ihr manchmal kleine Geheimnisse. Daß ich zum Beispiel Angst hatte, im Kindergarten aus Versehen meinen Porzellanteller beim Essenholen zu zerbrechen. Wenn das passierte, bekam man einen aus Blech, und das war eine Schande. Deshalb hielt ich meinen Teller immer ganz fest mit beiden Händen; auch wenn er auf dem Tisch vor mir stand, hielt ich ihn mit einer Hand am Rand fest. Tante Hallo hörte zu und nickte ernsthaft. "Ja, das glaube ich, daß das für dich schlimm wäre, denn du würdest ihn ja nicht mit Absicht zerbrechen." -- "Nie", bekräftigte ich und bekam große Augen.

Als ich dann lesen lernte, wartete sie geduldig, bis ich meinen Zettel, anfangs mühsam, später immer besser entziffert hatte. Sie gab mir das Gewünschte, und ich packte es selbst stolz ein. Und nie vergaß ich, Moritz zu streicheln. Tante Hallo störte es nicht, wenn ich noch ein Weilchen blieb.

Am 24. Dezember, kurz vor Ladenschluß, ging ich also zu Tante Hallo, um noch ein paar Sachen zu besorgen, die meine Mutter vergessen hatte. Als ich dann an der Reihe war, ging sie an die Tür und drehte das Schild "Geschlossen" nach außen. Irgendwie hatte sie sich verändert. Ihr Gesicht war an den Wangen so dünn geworden, fand ich. "Du bist heute mein letzter Kunde vor Weihnachten", sagte sie, "ich lasse dich hinten raus. Wenn du noch etwas Zeit hast, würde ich dir gerne etwas erzählen." Ich nickte. Dann gingen wir in den kleinen Raum, der sich dem Laden anschloß. Gemütlich warm war es da, und wie ein kleines Wohnzimmer sah es aus. Ich setzte mich auf die Couch und wartete gespannt, was kam. Ein bißchen Herzklopfen hatte ich auch.

Tante Hallo gab mir etwas zu trinken, und dann begann sie: "Sag' mal, glaubst du an Engel?" Ich nickte zögernd. "Ja, an den Schutzengel." -- "Stell dir vor, heute morgen, als es noch ganz dunkel war, kam einer an mein Bett." Ich bekam große Augen und

eine Gänsehaut. "Oh, was wollte der denn von dir, Tante Hallo?" -- "Er hat mir etwas geschenkt." -- "Geschenkt?" Ich hatte zwar gehört, daß Engel Menschen beschützen, aber noch nie, daß sie Geschenke machen. "Weißt du", fuhr Tante Hallo fort, "ich bin sehr krank, und bald kann ich meinen Laden nicht mehr führen, weil ich sterben muß." Ich war entsetzt, das Herz klopfte mir bis zum Hals. Das bedeutete einen tiefen Einschnitt in meinem Leben. "Keine Angst, noch bin ich ja da", lächelte sie, und der Engel hat mir etwas Kostbares geschenkt." "Was denn?" flüsterte ich. "Ein Jahr Zeit. Weißt du, vor kurzem dachte ich, daß ich schon bald von hier weg muß, aber heute morgen kam er an mein Bett und hat gesagt, daß ich noch ein Jahr hier leben darf. Da kann ich alles in Ordnung bringen und dann ruhig sterben. Die Zeit ist jetzt für mich das schönste Geschenk."

Aber ich war nicht beruhigt. Der Gedanke, sie zu verlieren, tat mir weh. Wie konnte sie so ruhig darüber sprechen? In mir war ein großes Durcheinander. Eine Weile schwiegen wir, und dann sagte Tante Hallo: "Weißt du, zuerst war ich auch entsetzt, als ich erfuhr, daß ich bald sterben muß. Aber dann wußte ich, daß ich zu Gott in den Himmel komme. Und bei ihm ist es doch schön, es ist wie Heimkommen. Und außerdem warten dort auch meine Eltern auf mich." Ich nickte und sah sie an. Für sie war der Tod nicht schrecklich; ich sah ihre Freude im Gesicht. Und dann verstand ich. Nach Hause gehen, wo Mama, Papa, Gott und seine Engel warten, das muß einfach etwas Schönes sein.

"Im kommenden Jahr kann ich mir alles noch einmal anschauen, was ich gerne sehen möchte. Aber ich hab' da noch ein Problem", sagte Tante Hallo. "Der Moritz, der wird doch noch länger auf der Erde bleiben, und wenn ich nicht mehr hier sein kann, würdest du ihn dann zu dir nehmen?" "Ja, das will ich", sagte ich und nickte. Ich war mir sicher, daß meine Eltern mir das erlauben würden. Es war wichtig für Tante Hallo, daß sie ihren Kater gut untergebracht wußte, und ich war stolz, daß sie mich für Moritz ausgesucht hatte. Aber etwas beschäftigte mich noch. "Wenn die Menschen in den Himmel kommen, warum werden sie dann auf dem Friedhof beerdigt?" -- "Das ist doch nur der Körper, der ist kaputt oder alt, wie eine Jacke, die man nicht mehr braucht. Die Seele, die in jedem Menschen wohnt, die kann nie sterben, und die kommt zu Gott."

Nach diesem Erlebnis war der Tod für mich nichts Schlimmes mehr. Wenn man sich auch anfangs über die Veränderung erschreckte, sich aber dann darauf freuen konnte, weil etwas Schönes kam, dann würde auch ich eines Tages gerne nach Hause gehen.

Der Engel hatte recht gehabt. Ein Jahr nach dem Weihnachtsfest starb Tante Hallo. Bevor sie in's Krankenhaus ging, hatte sie mir Moritz gebracht. Und als Moritz ein paar Jahre später starb, wußte ich, daß Tante Hallo im Himmel nun wieder für ihn sorgen würde. Und das machte mir seinen Abschied etwas leichter.

Kurt Seidel

Bethlehem-Report

Martha und Fred Jerking saßen am Frühstückstisch.
Es war ein heller Wintermorgen; durch das Fenster
konnten sie die schneebedeckten Dächer der Nach-
barhäuser und einen strahlend blauen Himmel sehen.
Fred war Reporter bei einer westdeutschen Tageszei-
tung. Er hatte Weihnachtsurlaub bekommen. Martha
schenkte ihm noch eine frische Tasse Kaffee ein und
fragte: "Hast Du heute Nacht etwas hübsches ge-
träumt? Du hast mehrere Male im Schlaf gesprochen;
ich konnte aber nichts verstehen."

"Ja, das stimmt", war Freds Antwort, "ich hatte sogar
einen hoch interessanten Traum über meinen Beruf."
-- "Beruf ist langweilig", war Marthas Meinung, "aber
erzähl' ihn, ich bin neugierig." Und Fred begann zu
erzählen.

"Ich träumte von der Stadt Bethlehem. Dort war ich
als Reporter bei der *Bethlehem-Post* beschäftigt. Sie war
das Amtsverkündigungsblatt für die Stadt und ihre
Umgebung. Auf dem Titelblatt stand die dick ge-
druckte Zeile: 'Sonderausgabe vom 24. und 25. Dezember 3770' -- das war die Jahreszahl des jüdischen
Kalenders vor 1996 Jahren. -- Ich weiß wohl, daß es

damals keine gedruckten Zeitungen gab. Wichtige Texte über Kunst, Wissenschaft, Theologie und ähnliches wurden auf Papyrustafeln in hebräischer oder aramäischer Schrift gemalt. Tagesnachrichten wurden auf den Märkten oder in Versammlungen bekannt- und von Mund zu Mund weitergegeben. Wenn es auch fremdartig klingt, aber in meinem Traum gab es diese Zeitung. Gib acht auf meinen Bericht, der in Zeitung stand."

"Nun bin ich aber neugierig auf das, was jetzt kommt", unterbrach ihn Martha, "erzähl weiter." -- Fred fuhr fort: "Die Stadt steckt voll Fremder. Was führt sie zu uns her? Aus zuverlässiger Quelle erfuhren wir von dem Gebot des Kaisers Augustus, wonach sich alle Welt schätzen lassen sollte. Die Herbergen sind bis unter's Dach besetzt. Da es kaum noch freie Zimmer gibt, werden jetzt auch Ställe zum Übernachten angeboten. Die Habgier mancher Wirte ist nicht zu zügeln. Durch den starken Fremdenverkehr kommt auch viel Gesindel an's Tageslicht. Es mischt sich unter die Fremden und stiehlt wie die Raben. Unsere Polizei hat schon gute Arbeit geleistet. Acht Banditen sind festgenommen worden. Jeden Tag ist etwas anderes los. Randalierende Betrunkene sind in die Zellen gesperrt worden. Auf dem Jerusalem-Boulevard, unserer Hauptstraße, sind Frauen festgenommen worden, weil sie sich in unsittlicher Aufmachung und mit schamlosen Gebärden Männern näherten, die allein durch die Straßen gingen.

Doch auch Gutes gibt es zu berichten. Einige unserer Bürgerinnen haben in den Volksküchen warme Mahlzeiten gekocht und an die Hungrigen ausgegeben. Auch Kleidungsstücke wurden an die Armen verteilt. Die glücklichen Gesichter, besonders bei den Kindern, haben den Frauen so große Freude gemacht, daß sie spontan beschlossen, die Hilfsbedürftigen jedes Jahr um diese Zeit zu unterstützen. Dazu sagen wir: Bravo!

Weiter ist zu berichten: Ein auffallend hell leuchtender Stern bewegt sich langsam von Osten über unsere Stadt. Die Leute nennen ihn den 'Stern von Bethlehem'. Die Ursache seiner Helligkeit konnten wir nicht erfahren, da die Sternwarte schon geschlossen war. Drei sehr wohlhabend gekleidete Reisende -- darunter ein Schwarzer -- zogen prächtig ausgerüstet auf ihren vollbeladenen Kamelen durch die Stadt. Nach dem Ziel und Zweck ihrer Reise befragt, gaben sie die merkwürdige Antwort: "Wir folgen dem Stern. Sein Ziel ist auch unser Ziel." -- Ein Leser unserer Zeitung berichtete uns von einem sehr ärmlich aussehenden Paar, das vergeblich Unterkunft suchte. Die junge Frau sei auf einem Esel geritten. Der Mann mit dem wallenden Bart sei etwas älter als sie gewesen. Da sie nicht genug Geld hätten, seien sie überall abgewiesen worden. Auch der hilflose Zustand der Frau -- sie sei im hohen Grade schwanger -- erweckte kein Erbarmen. Sie hätten die Stadt wieder verlassen müssen. Es

hieß, der Stern folge ihrem Weg. Im Stall einer aus-
wärts liegenden Herberge seien die beiden unterge-
kommen. Der Stern sei über diesem Gehöft stehen
geblieben.

Das erregte die Gemüter in der Stadt. Wir haben
sofort einen Reporter dorthin geschickt. (Das war ich,
flüsterte Fred und lächelte seine Frau stolz an.) Er
kehrte mit sensationellen Neuigkeiten am nächsten
Morgen in die Redaktion zurück. Hier ist sein Bericht:

'Im Stall und im Gehöft war alles ruhig. Außer
einigen Hirten, die bei dem milden Winterwetter auch
nachts ihre Herden hüteten, war niemand anzutreffen. Was diese jedoch erzählten, war sehr umfangreich
und außergewöhnlich. Der erste: "Es war so hell, daß
meine Tiere unruhig wurden. Der Stern leuchtete
über uns. Ich sah einen Mann und eine Frau; diese
ritt auf einem Esel. Dort im Stall sind sie unterge-
kommen.' -- Der nächste erzählte: 'Ich weiß nicht, ob
ich träumte, oder ob alles was ich erlebte, Wirklich-
keit war. Ich hörte ein Rauschen in der Höhe. Ein Engel mit großen Flügeln setzte sich zu uns nieder auf
die Erde. Er sprach: 'Fürchtet euch nicht, ein großes
Wunder ist geschehen. Dort im Stall ist heute der
Heiland geboren. Das Kind ist Gottes Sohn.' -- Er
sprach noch andere Worte, aber vor lauter Aufregung
und auch weil ich so große Angst spürte, habe ich sie
nicht behalten können.'

Einer hatte gehört, wie der Engel sagte: 'Gottes Sohn ist gekommen, um allen Menschen zu helfen. Sein Name ist Jesus. Wir sollen in den Stall gehen und ihn anbeten.' -- Wir gingen hinein, einer nach dem anderen. Einige Schafe und ein Ochse drängten sich zwischen uns. Das Kind lag schlafend auf Stroh in einem Futtertrog. Das Gesicht der jungen Mutter strahlte voller Glückseligkeit, als sie ihr Kind betrachtete. Einer von uns weckte die Wirtin der Herberge und verlangte warme Tücher für Mutter und Kind. Die Frau murrte, aber sie gab uns doch einiges mit.

Ein älterer Hirte, es war der Flötenspieler, sagte: 'Als ich in den Stall trat, hörte ich Posaunenmusik. Eine Stimme sprach von oben: 'Ehre sei Gott in der Höhe und Friede auf Erden.' Diese Worte machten mich sehr froh.' -- Ein anderer erzählte: 'Wir haben Milch, Brot und Käse gebracht und für den Mann einen Krug Wein. Ihr Esel bekam Heu von uns. Die Schafe jagten wir hinaus, weil sie dem Esel das Heu wieder wegfressen wollten. Den Ochsen ließen wir liegen; er brummte zufrieden und wärmte das Kind mit seinem Atem.'

Der Mann sagte: 'Ich heiße Josef, der Name meiner Frau ist Maria. Wir sind aus dem Hause Davids und auf dem Wege zur Schätzung.' -- Der kleinste der Hirten, fast noch ein Junge, schwärmte: 'Diese Nacht kommt mir vor, als wenn sie für das Kind geweiht und gesegnet wurde.'

Diesen Satz faßte die Redaktion so zusammen: Die *Bethlehem-Post* ist glücklich, diese neuen Worte zum ersten Mal drucken zu können. Wir wünschen allen Lesern 'eine gesegnete Weihnacht.'"
Als Fred hier endete, stand Martha auf, ging um den Tisch herum und küßte ihn. Sie sagte nur: "Danke für diesen Traum. Auch ich wünsche dir eine gesegnete Weihnacht."

Rita Kirchner

Der Brief

Meine Liebe!

Alle Jahre wieder schreibe ich meine Weihnachtsgrü-
ße, die Karten und Briefe. Ob ich das gern tue, höre
ich Dich fragen. Tochter Zion, freue dich! Es ist mir
ein Vergnügen - nicht immer, aber immer wieder. So
bringe ich mich meinen Freunden und Halbfreunden
in Erinnerung. Das muß sein, weil ich mich in diesen
abgeschiedenen Winkel zurückgezogen habe und
sonst vergessen werden könnte. Ein Jahr später -
kommt ein Schiff, geladen bis an den höchsten Bord,
mit Briefen für mich. Wieder ist es Weihnachten geworden.
Im allgemeinen bekomme ich schöne Karten und
Briefe, die ich den anderen hier im Haus mit Stolz
zeige. Es sind Geschenke. Sie sind liebevoll selbstge-
macht, auch teuer und edel, manche mit Bedacht für
mich ausgesucht, manche sogar mit Musikbegleitung,
eine Anspielung an meine Kirchenmusik-Jahre.
Inzwischen besitze ich eine kleine Sammlung dieser
musikalischen Dinger: O du fröhliche es ist ein Ros'
entsprungen vom Himmel hoch ihr Kinderlein kom-
met. Laßt uns froh und munter sein - denn - leise rie-
selt der Schnee.

Das ist meine Art der Nutzung und Verknüpfung neuer Medien. Modern. Zeitgemäß. Einfach in der Handhabung. Altersgemäß spötteln PC-Freaks. Morgen kommt der Weihnachtsmann. Sie würden es gern glauben. Mir bringt er vielleicht Neuauflagen von Liedanfängen.

Lieder öffnen die Tür zu Erinnerungen, zu Stunden in Dur und in Moll. Der Organist, zuständig für die Musik in der Kirche, wählt mit Sorgfalt aus, was er spielen wird. Er kann die Register ziehen, kann spielen, trifft er nur den Zauberton: Gloria. Das Geheimnis vom Klingen und Singen. Und er spielt; erspielt sich den Weg zu Hochgestimmtheit an Festtagen und nimmt den mit, der hört und mitkommen will. Spiel und Arbeit und Rausch zugleich. Damals. Die Macht des Spielers; Spielen mit der Macht, mit der Macht der Musik. Heute ein Spiel mit der Erinnerung. Das klingt heiter. Doch der Abschied vom Spielen vor ein paar Jahren war schmerzlich, war eine Trennung. Aus dem Verlust wurde nur sehr langsam die Erinnerung an glückliche Momente.

Natürlich erhalten die Weihnachtskarten ihren Wert nicht schon dadurch, daß die Begleitmusik einsetzt, noch bevor ich lesen kann, was man mir schreibt. Die lieben Zeilen und noch mehr, was dazwischen steht, das ist interessant. Ich will wissen, wie es den Leuten geht, was sie machen. Neugierig bin ich.

Der Bastian schreibt regelmäßig jedes Jahr einmal. Und immer lese ich, auf dem Berge, da geht der Wind. Dann folgt der Wetterbericht für Silvester: Es tauet, Himmel! Wo der aber auch wohnt. Großstadt-Banker. Kling Glöckchen, kling.

Originell ist die selbstgebastelte Karte mit den Leim- und Wachsspuren von Klein-Gabi. O Tannenbaum, du kannst mir sehr gefallen. Rote Herzen hat sie an die Zweige gehängt, dazu rote Kerzen rundum in alle Richtungen aufgesteckt und angezündet. Am Weihnachtsbaume, die Lichter werden die Herzen verbrennen - oder doch nicht?

Habe ich die Briefe und Karten oft genug gelesen, reihe ich sie auf einem Band wie zu einer Girlande aneinander und hänge sie an den Türrahmen. Mit diesem Spiel habe ich inzwischen fast alle meine Bekannten hier angesteckt. Wir wetteifern um die längste Kette. Aber manch einer bekommt nur eine Karte oder höchstens zwei. Wenn er daran seine Beliebtheit oder Bekanntheit abliest, wird er ganz still.

In solchen Augenblicken schleiche ich in meine Stube zurück, denke an Menschen, die noch im Jahr zuvor sich gemeldet hatten. Auch wenn ihre Spruchweisheiten nicht meinen Beifall gefunden haben, jetzt vermisse ich ihre Briefe. Ich suche Erklärungen in ihren letzten Briefen. Gab es Anzeichen dafür, daß keiner folgen würde? Ich suche nach Einzelheiten bei der letzten Begegnung mit dem einen oder anderen. War sie in Altenhain oder in Neuenrade oder ... Ich suche

... Wundersames Gedächtnis, wozu ist es gut, wenn so vieles durcheinander gerät. Also krame ich die Schachteln mit den Erinnerungsstücken und Fotos hervor. Wie ein Archäologe habe ich meine Schätze angelegt und aufbewahrt. Gut so. Diese Mosaikstücke aus Jahrzehnten sind was Greifbares, ein bißchen vergilbt zwar und Knitter haben sie, eben Zeitspuren. Wie ich. Du auch?

Wie alt bist Du eigentlich?

Manchmal scheint etwas Wesentliches zu fehlen. Es ist nicht dort, wo ich es in meinem Museum anzutreffen wünsche. Phantasiere ich Dinge hinzu? Habe ich sie falsch einsortiert? Diese Geschichte zum Beispiel: Wann war das? Wir zwei gingen Hand in Hand. Ein seltenes Ereignis. Du warst noch sehr klein. Schnee hatte die Straßen zugeschüttet, und es schneite immer noch. Wir mußten uns sehr anstrengen, mußten bergauf gehen. Glatt war es. Du bist ausgerutscht, hingefallen, hast mich mitgerissen. Da lagen wir beide im Schnee. Wenn uns Deine Mutter gesehen hätte. Wir waren nämlich auf dem Weg zur Christmette. Da fällt man nicht hin! Wir sind mit dem Schrecken davon gekommen. Unsere Arme und Beine blieben heil. Ganz wichtig für den Kantor zu dieser Stunde! Für das Kind genau so. Mußtest Du auch die neuen Schuhe anziehen!

Der eine macht Geschichten, der andre schreibt sie auf, ...

Gäbe es nicht die Geschichte von Bethlehem, es gäbe einen Grund weniger, daß wir uns gegenseitig Briefe und Geschenke schicken. Frohe Weihnachten.
... hoch oben schwebt jubelnd der Engelein Chor.

Dein V.

Wulf- Dieter Preiß

Weihnachten, du liebe Zeit

Weihnacht! Ach, du liebe Zeit,
du meschst der Mensche Herze weit,
un wie die Mensche halt so sind,
wär mancher gern noch aamol Kind.

Da war voll Zauber noch die Welt,
es ging net alsfort nur um's Geld.
Da war'n Geschenke noch was Rares;
heut erwarrde Kinner Bares!

Die Hetz fängt vor'm Advent scho aa;
da freescht zum erstema die Fraa:
"Was schenke mer dann diesmaa bloß
de Kinner nur zum Nickelos?"

Un bald hetzt alles her un hin,
steckt midde schon im Trubel drin.
Im Kaufhaus is e mords Gewimmel
bei Weihnachtsliedcher un Gebimmel.

Von moins bis abends werd gedudelt,
jed' Weihnachtsliedche abgenudelt.
Mer schwitzt un hat aach bald genuch
vom künstliche Anisgeruch.

Die Mensche schiebe, trete, haste,
bis alle Eikäuf sinn im Kaste,
bis, weil mer alsfort nix als kääft,
mer uffem letzde Zahnfleisch lääft.

Des Ganze is eim bald zu dumm,
doch is de Streß noch lang net rum:
die Plätzjer sinn noch net gebacke,
Geschenke muß mer aach noch packe!

Un immer widder muß mer denke,
deß mer kaan vergißt beim Schenke.
Un mer derf aach net vergesse,
Weihnachde werd viel gegesse!

Mer muß zum Supermarkt noch hie-
die Geschäfte schließe früh-
die Gans, de Woi un noch viel mehr.
En Christbaam muß ja aach noch her!

Alle Nerve lieje blank
un so kimmt's dann leicht zum Zank;
de Vadder brüllt, die Mutter flennt,
bis se aus em Zimmer rennt.

Aach die Kinner duhn bald flenne,
weil se net an's Fernsehn könne.
Die Dier zum Wohnzimmer bleibt zu,
de Vadder brauch zum Schmücke Ruh.

Dann is de Heilisch Abend da.
Zu der Engel "Gloria"
un "Ehre sei Gott in de Höh",
tönt Weihnachtsmusik uff CehDeh.

Den Vadder reescht schon bald dadruff
seiner Fraa ihr Hektik uff,
weil alsfort in die Kich se rennt,
deß ja die Gans ihr net verbrennt.

Un als se ruft "mer esse gleich!"
gibt's bei de Kinner e Gekreisch,
weil's Karlsche mit seim Raumschiff grad
die Barbie-Pupp getroffe hat.

De Vadder brüllt en zornisch zu:
"Ihr zwaa, ihr gebt jetz gleich e Ruh,
sonst krieht ihr beide euer Fett
un dann geht's abmarsch gleich in's Bett!"

Jetz werd e Liedche noch gesunge,
bevor die Gans dann werd verschlunge,
un de Vadder sescht "Mein Maache
kann kaan Krimmel mehr verdraache."

Dann rülpst er un sescht: "Einerlei,
aa Schnäpsje paßt noch grad enei.
Ach, wie is des Leebe schee! -
jetz werd's aach Zeit, zur Kerrsch zu geh."

Nadierlich, wie des immer geht,
kimmt mehr beinah schon zu spät,
kann grad sich in die Reih' noch zwänge,
bevor erklinge die Gesänge.

So sitzt gequetscht mer in de Bank,
de Parrer predischt viel zu lang,
un beim sibbde, achte Lied
werrd mer langsam rischdisch mied.

Die Gans, die lieht eim schwer im Maache -
mer duht halt gar nix mehr verdraache.
Die Seele schwebt zum Himmel nuff.
De Rotwein stößt eim alsfort uff.

Sinn die Festdaach endlich rum,
is von dem Brimborium
mer für die Klapsmühl bald soweit.
Weihnacht? - Ach du liebe Zeit!

Die Autoren

Gerwine Bayo-Martins, Jahrgang 1945, gelernte Buchhändlerin und Sekretärin. Mitarbeiterin beim Norddeutschen Rundfunk, später im Ausland, dann beim Goethe-Institut, Radio Nigeria und der Deutschen Lufthansa. Seit 1980 lebt sie mit ihrer Familie in Langen.

Gerd J. Grein, Jahrgang 1944, ist in Langen geboren. Lange Jahre war er Sozialarbeiter und Leiter der Kulturabteilung in seiner Heimatstadt. Bekannt wurde er durch "sein" Museum auf der Veste Otzberg im Odenwald. Hier zeigt er jährlich Ausstellungen zum Weihnachtsbrauchtum in Hessen und schreibt Geschichten und Abhandlungen zu Themen hessischer Volkskunde. 1990 Europapreis für Volkskunst der Stiftung F.V.S. zu Hamburg, 1991 Hessischer Kulturpreis.

Jörg Jahn, Jahrgang 1949, lebt seit 1962 in Langen, wo er seit 1992 die Einsteigerkurse *Produktive Schreibwerkstatt* und eine *Kreative Schreibwerkstatt* leitet. Der Text "festtag" beruht auf einer Anregung von Harald Gellhorn und auf der Mitarbeit von Elfriede Jung, die beide nicht mehr in Langen leben.

Charlotte Jost, Jahrgang 1925, ist zeitlebens in Egelsbach ansässig. Gelernte Kaufmannsgehilfin und Mitarbeiterin in der Metzgerei des Ehemannes. Heute ist Charlotte Jost Rentnerin.

Uta Kegler, Jahrgang 1942, im Krieg von Frankfurt nach Langen übersiedelt, Verwaltungsangestellte beim Kulturamt der Stadt Langen, heute Hausfrau, verheiratet, drei Kinder. Sie ist literarisch tätig, bisher jedoch ohne Veröffentlichungen.

Walter Keim, Jahrgang 1961, ist Buchhändler in Egelsbach, kinderlos und hält Weihnachten für eine wichtige Sache - nicht nur für die Kinder.

Dr. Rita Kirchner, Jahrgang 1939, lebt seit 1964 in Langen, ist Diplompsychologin und freiberuflich tätig, u.a. als Autorin.

Kristina Küster, Jahrgang 1958, lebt seit 1981 in Langen, ist verheiratet und hat zwei Kinder. Von Beruf ist sie Kinderpflegerin und arbeitet als Tagesmutter.

Angelika-Martina Lebéus, Jahrgang 1952, lebt mit Unterbrechungen durch Aufenthalte in Canada und den USA in Frankfurt am Main, arbeitet als pädagogische Seminarleiterin und freie Autorin und veröffentlichte seit 1984 mehrere Bücher.

Ilse Pohl, 1907 in Berlin geboren, lebte mit Mann und Sohn über zwanzig Jahre in Frankfurt und seit 1963 in Dreieich-Götzenhain. Ihre Lebenserinnerungen sind in Vorbereitung und werden 1997 als Buch erscheinen.

Wulf-Dieter Preiß, Jahrgang 1942, gebürtiger Frankfurter und seit 1977 mit Frau und zwei inzwischen erwachsenen Kindern in Sprendlingen lebend. Von Beruf ist er Personaldirektor. Der Beitrag von Wulf-Dieter Preiß hat dem Buch zu seinem Titel verholfen.

Gisela Schade, Jahrgang 1923, geboren in Neu-Isenburg und dort auch wohnhaft. Sie stammt aus einer Graphiker-Familie, ist gelernte Kauffrau und heute Rentnerin. Bereits seit der Schulzeit schreibt sie Gedichte, Kurzgeschichten mit eigenen Illustrationen und zeichnet mit Vorliebe Karikaturen. Diverse Veröffentlichungen und Ausstellungen.

Kurt Seidel, geboren 1912 in Berlin, Kellnerlehre. Wegen der Verteilung von gegen Hitler gerichteten Flugblättern wurde er zu einem Jahr und drei Monaten Gefängnishaft verurteilt (1933). Fachschule für das Hotel- und Gaststättengewerbe in Heidelberg 1939/40, 1941 Soldat, russische Kriegsgefangenschaft von 1944 bis 1950. Kurt Seidel lebt seit 1953 in Langen und ist seit 1977 Rentner. 1989 starb seine Frau. Seit 1992 ist er Mitglied der *Kreativen Schreibwerkstatt Langen*.

Dr. Manfred Steinbrenner, Jahrgang 1952, Dichter, Performancekünstler, Inhaber der *Galerie Eurasia* in Frankfurt. Dr. Steinbrenner schlägt Brücken zwischen der asiatischen und der europäischen Welt. Als Buchautor im Verlag Hänsel-Hohenhausen liest er einmal im Jahr im Buchladen in der Langener Wassergasse aus neuen Werken.

Katharina Stroh, geboren 1942 in Dreieich-Sprendlingen, schrieb schon als kleines Kind Theaterstücke, Gedichte und Erzählungen. Seit 11 Jahren wohnt sie in Egelsbach.